AF554370

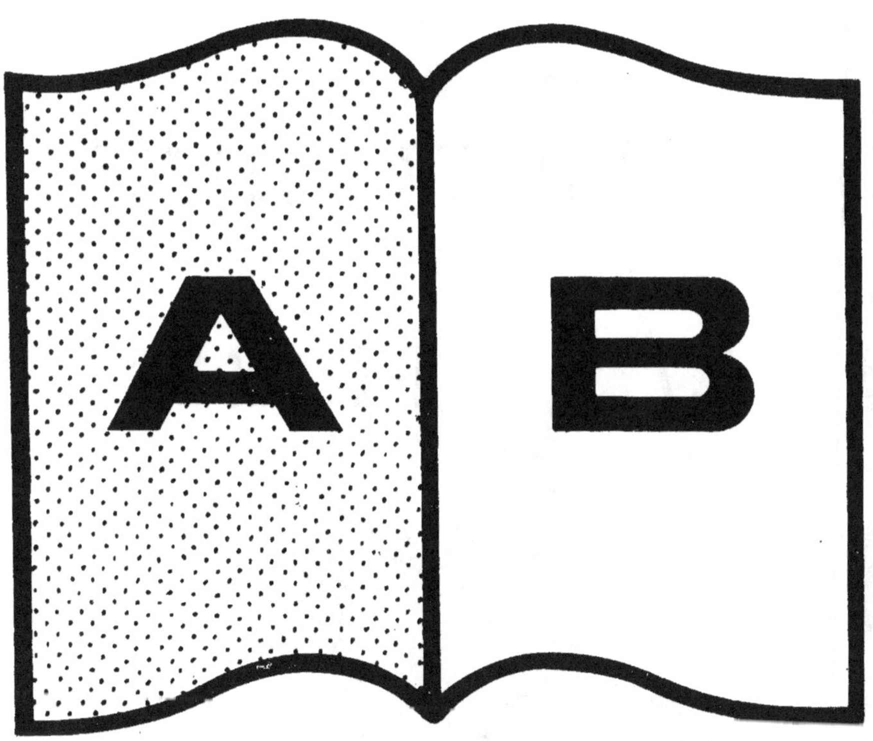
A
B

Prix 0.60

GAUTHIER et DESCHAMPS
AVEC LA COLLABORATION D'INSTITUTEURS ET D'HISTORIENS

Cours Élémentaire

D'HISTOIRE DE FRANCE

AVEC 366 GRAVURES
DONT
14 TABLEAUX
DE RÉCAPITULATION
PAR L'IMAGE

PARIS
HACHETTE ET Cie
ÉDITEURS

AUX MAÎTRES

Le Cours de GAUTHIER et DESCHAMPS se distingue par les innovations suivantes :

1° L'***Histoire de la France*** a été débarrassée de tous les détails inutiles et a été rédigée dans une langue tout à fait compréhensible pour les élèves.

2° L'***Histoire de la Civilisation*** remplace, autant qu'il est possible sans nuire à la préparation des examens, l'*Histoire-bataille.*

3° L'***Histoire du Peuple Français*** (qui est celle de son affranchissement) est substituée à la biographie des rois et aux récits de convention, si longtemps confondus avec l'Histoire.

4° Des ***Idées***, des ***Jugements*** fournis aux élèves, dans la leçon aussi bien que dans les exercices d'intelligence et de réflexion qui accompagnent la leçon, font de l'Histoire autre chose qu'un entassement de dates et de noms, oubliés aussitôt qu'appris; ils en font un livre qui apprend à bien *penser* et à bien *juger.*

N. B. — *Tous les degrés du Cours* GAUTHIER *et* DESCHAMPS *sont* ***concentriques***, *mais la place donnée aux périodes modernes et contemporaines est plus importante à mesure que l'élève monte de classe.*

Les Maîtres apprécieront la *méthode nouvelle* du Cours GAUTHIER et DESCHAMPS, et ils remarqueront tout le parti qu'on peut tirer, dans une classe, de la disposition des matières :

1° ***Division symétrique du texte***, présentant :

Page gauche : *La* ***leçon*** ‖ Page droite : { *Le* ***résumé*** *de la leçon.* / *Une* ***lecture*** *illustrée.* / *Un* ***exercice*** *oral ou un devoir.* }

2° { ***Division en périodes*** : / ***Récapitulation***, terminant chaque période. }

3° { ***Tableaux synoptiques de la Civilisation*** : / ***Résumés aide-mémoire***, indispensables pour la préparation du *Certificat d'études* et du *Brevet élémentaire.* }

4° { ***Illustration*** qui suit le texte, l'appuie, l'éclaire, le fait vivre. / ***Cartes illustrées*** qui forment de véritables *tableaux-resumés.* }

GAUTHIER et DESCHAMPS

AVEC LA COLLABORATION D'INSTITUTEURS ET D'HISTORIENS

Cours Élémentaire

D'HISTOIRE DE FRANCE

OUVRAGE ORNÉ DE 366 GRAVURES, PORTRAITS OU CARTES ILLUSTRÉES DONT 14 TABLEAUX DE RÉCAPITULATION PAR L'IMAGE

PARIS
LIBRAIRIE HACHETTE ET Cie
79, BOULEVARD SAINT-GERMAIN, 79

1904

PREMIÈRE  PÉRIODE 

DES GAULOIS A HUGUES CAPET

Les Gaulois. — Les Romains. — Les Francs.

LA GAULE ET LES GAULOIS

GAULOIS
Un de nos ancêtres.

1. **La Gaule.** — Il y a bien longtemps, plus de 2000 ans, la France s'appelait la ***Gaule***. A cette époque lointaine, la Gaule était un grand pays couvert de forêts et de marécages. Les principaux habitants de ce pays étaient les **Gaulois** ou *Celtes*, les *Belges* et les *Aquitains*.

2. **Les Gaulois.** — Les ***Gaulois*** étaient très batailleurs : ils passaient la plus grande partie de leur temps à se faire la guerre. Ils vivaient de la chasse et de la pêche. Ils se délassaient en faisant d'abondants repas. Toujours dehors, ils n'éprouvaient pas le besoin d'avoir de belles maisons. Un abri, ou hutte de terre, au bord d'une rivière ou dans une clairière de la forêt, leur suffisait.

3. **Les druides.** — Les Gaulois adoraient tout ce qui est terrible ou merveilleux, comme le soleil, la mer, le tonnerre, le vent; ils croyaient que ces forces étaient des dieux.

Leurs prêtres s'appelaient ***druides***. Vêtus de longues robes blanches, couronnés de verveine, armés d'une faucille en or, les druides cueillaient le gui des chênes. Cette récolte était la grande fête religieuse des Gaulois.

4. **Les Gaulois à Rome.** — L'amour de la guerre entraîna les Gaulois hors de la Gaule, en *Italie*. Ils entrèrent dans ***Rome*** et brûlèrent la ville. Ensuite, ils essayèrent de s'emparer du *Capitole* (ou citadelle); mais les Romains les repoussèrent. Les Romains se débarrassèrent des Gaulois en leur donnant beaucoup d'argent.

LA GAULE

RÉSUMÉ-QUESTIONNAIRE DE LA 1re LEÇON

1° — *Quelles étaient, d'après la carte, les limites de la Gaule?* — La Gaule avait pour limites le grand fleuve, le Rhin; la chaîne des Alpes; la Méditerranée; la chaîne des Pyrénées; l'Océan Atlantique et la Manche.

2° — *Comment vivaient les Gaulois?* — Les Gaulois vivaient presque en sauvages; ils passaient leur temps à la guerre, la chasse ou la pêche.

3° — *Les Gaulois avaient-ils beaucoup de dieux?* — Les Gaulois adoraient comme *dieux*, le soleil, la mer, le vent, le tonnerre; leurs prêtres étaient les *druides*.

4° — *Pourquoi les Gaulois allèrent-ils en Italie?* — Les Gaulois allèrent en Italie pour s'emparer de Rome; les Romains s'en débarrassèrent en leur donnant beaucoup d'argent.

LECTURE — **Vigilantes sentinelles!**

Les Gaulois s'étant précipités sur Rome, aujourd'hui capitale de l'Italie, la trouvèrent déserte, car les Romains s'étaient enfermés dans le Capitole.

Après avoir incendié la ville, les Gaulois dirent : « Nous saurons bien nous emparer de leur citadelle! » Silencieusement, et par une nuit obscure, ils arrivent jusqu'au pied du rempart; ils vont en faire l'assaut; mais des oies, qu'on élève en l'honneur d'une déesse appelée Junon, se mettent à crier si fort, que les Romains se réveillent, accourent, se jettent sur les Gaulois et les précipitent du haut des remparts.

Nos ancêtres ne s'étaient pas défiés de ces criardes sentinelles!

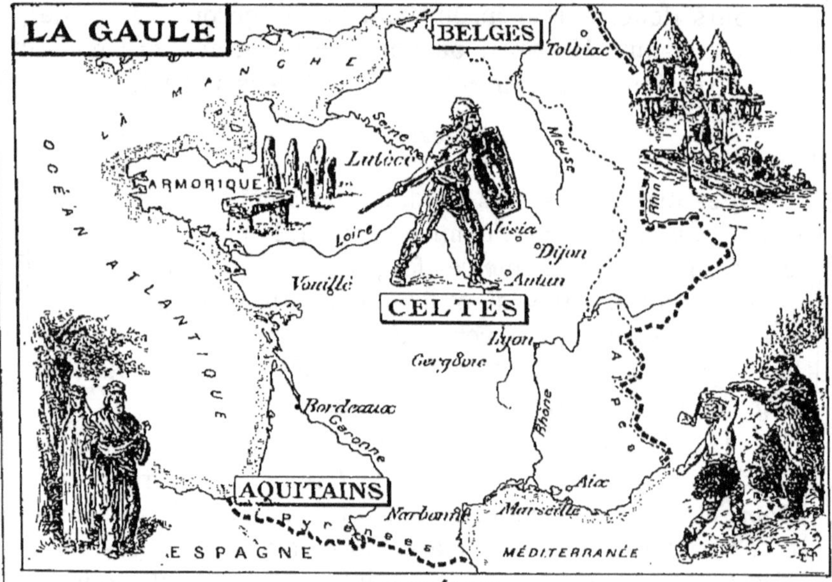

DEVOIR ÉCRIT

Les bornes de la vieille Gaule d'après la carte. — Modèle du devoir : *La Gaule était bornée à l'est par le* **Rhin** *et par .... Au sud par .... A l'ouest par ..., etc.*

2e LEÇON — 58 A 52 AV. J.-C.

VERCINGÉTORIX ET CÉSAR

JULES CÉSAR
Le vainqueur de la Gaule.

5. **Les Romains en Gaule.** — Les Romains, très puissants, voulurent à leur tour faire la conquête de la Gaule. Ils commencèrent par s'emparer de tout le sud de la Gaule, où ils fondèrent deux villes : Aix et Narbonne. Ensuite, *Jules César*, le plus célèbre des généraux romains, voulant acquérir gloire et richesse, résolut de faire de toute la Gaule une grande province romaine.

6. **Vercingétorix.** — Alors, l'an 52 (avant J.-C.), un Gaulois dont le nom veut dire : le « Grand Chef », *Vercingétorix*, né à Gergovie, près de Clermont-Ferrand, résolut de sauver l'indépendance de sa patrie, et il se battit héroïquement contre César. Mais César commandait à des soldats très disciplinés et très unis, tandis que les Gaulois ne savaient pas obéir et se querellaient sans cesse : ce manque d'union devait les perdre, car c'est l'union qui fait la force.

VERCINGÉTORIX
Le défenseur de la Gaule.

7. **La Gaule en armes.** — A la voix éloquente de Vercingétorix, toute la Gaule s'arma contre les Romains. Quand Jules César apprit que la Gaule s'armait, il accourut en Auvergne pour vaincre le Grand Chef; il mit le siège devant **Gergovie**, mais il fut repoussé. Découragé, il quitta l'Auvergne et se retira en Bourgogne avec ses légions romaines : Vercingétorix l'y poursuivit, jusqu'à Alésia.

8. **Vercingétorix à Alésia.** — Vercingétorix ne fut pas heureux en Bourgogne. Il soutint contre les Romains un grand siège, à *Alésia*; malgré tout son courage, il fut vaincu. Jules César envoya prisonnier à Rome le noble Gaulois et le fit égorger après six ans de captivité.

LES ROMAINS EN GAULE

RÉSUMÉ-QUESTIONNAIRE DE LA 2e LEÇON

1° — ***Les Romains n'ont-ils pas conquis la Gaule?*** — Oui. Le grand général romain, *Jules César*, entreprit de conquérir toute la Gaule. Mais Vercingétorix essaya d'empêcher les Romains de s'emparer de sa patrie. Excitée par Vercingétorix, la Gaule prit les armes.

2° — ***Que savez-vous de la lutte entre les Gaulois et les Romains?*** — Vercingétorix commença par vaincre les Romains à *Gergovie* (près de Clermont-Ferrand); mais Jules César fut à son tour victorieux à *Alésia* et Vercingétorix, fait prisonnier, fut égorgé.

LECTURE — Le héros gaulois, Vercingétorix!

Jeune, brave, très beau et de haute noblesse, tel était Vercingétorix, le héros qui disputa la Gaule aux Romains.

Hélas! malgré les prodigieux efforts qu'il fit avec ses hardis Gaulois, il fut vaincu.

Et, pour que ses compagnons d'armes ne fussent pas massacrés, il se dévoua et se livra au vainqueur. Il s'habilla magnifiquement, monta son plus beau cheval, qu'il lança jusqu'au pied du trône où siégeait Jules César. Et là, sans un mot, le héros gaulois descendit de sa monture, se dépouilla de ses armes qu'il jeta devant le trône de César, et, se croisant les bras, attendit fièrement son arrêt.

VERCINGÉTORIX SE LIVRE A CÉSAR
Il attend fièrement son arrêt.

César se montra cruel. Il fit mettre les chaînes au fier Vercingétorix, l'emmena à Rome et, après l'avoir tenu prisonnier pendant six ans, il le fit égorger. Ainsi périt le premier héros de notre histoire.

EXERCICE D'OBSERVATION, DE JUGEMENT ET D'ÉLOCUTION

1° Que représente cette gravure? — 2° Pourquoi Vercingétorix, vaincu, vient-il se livrer à César au lieu de s'enfuir et de se cacher? — 3° Faites, d'après la gravure, la description de Vercingétorix et celle de Jules César. — 4° Que pensez-vous du vainqueur? et du vaincu? — 5° Pourquoi aimez-vous Vercingétorix? — 6° Pourquoi n'aimez-vous pas César?

3e LEÇON *400-481*

LA GAULE CHANGE DE MAÎTRES

9. **La Gaule romaine.** — Les Romains restèrent maîtres de la Gaule pendant quatre cents ans. Comme les Romains étaient instruits et civilisés, les Gaulois prirent peu à peu la manière de vivre de leurs vainqueurs, leurs façons de s'habiller, leur langage et même leurs dieux; des routes furent tracées; les villes de Lyon, Nîmes, Arles, Orange, Toulouse, furent bâties et ornées de beaux monuments.

10. **La Gaule chrétienne.** — Il y avait cent ans que Jésus-Christ était mort, quand la religion chrétienne fut prêchée en Gaule. Les Romains, qui étaient païens, persécutèrent les nouveaux chrétiens; ils en martyrisèrent beaucoup. Les plus illustres martyrs de la Gaule furent saint Pothin, évêque de Lyon, la petite esclave Blandine et l'évêque de Paris, saint Denis. Malgré les persécutions, le christianisme se répandit dans la Gaule entière.

11. **Les Francs. — Mérovée.** — Vers l'an 400, un peuple étranger, le peuple ***Franc,*** qui venait de la Germanie, s'établit dans le nord de la Gaule.

Les Francs prirent peu à peu la place des Romains en Gaule.

Le premier roi des Francs fut Mérovée; il régna de 448 à 458. Les rois de cette famille s'appelèrent les Mérovingiens.

SAINTE GENEVIÈVE
La patronne de Paris.

12. **Les Huns. — Attila. — Sainte Geneviève.** — En même temps que les Francs s'installaient en Gaule, un peuple féroce, venu de l'Asie, les *Huns*, s'y précipitaient. Ils étaient commandés par ***Attila***, qui disait : « Où le cheval d'Attila a passé, l'herbe ne pousse plus ». Cela signifiait que le terrible chef semait la ruine et la mort sur son passage. Les Parisiens effrayés voulaient quitter leur ville; mais sainte Geneviève leur fit honte de leur frayeur et leur dit : « Défendez-vous au lieu de fuir! » Attila, voyant l'attitude des Parisiens, n'osa pas les attaquer.

LES FRANCS

RÉSUMÉ-QUESTIONNAIRE DE LA 3e LEÇON

1° — *Que se passa-t-il en Gaule sous la domination des Romains?* — Sous la domination romaine, la Gaule fut défrichée, cultivée; elle se couvrit de belles villes; de nombreuses routes la sillonnèrent et les *Gaulois*, au lieu de rester sauvages, devinrent *civilisés*. La religion chrétienne, malgré les persécutions des empereurs romains, se répandit dans le pays entier.

2° — *D'où venaient les Francs? Que firent-ils?* — Les *Francs* venaient de la Germanie; ils s'emparèrent de la Gaule, qui, plus tard, devint la France.

3° — *D'où venaient les Huns?* — Les *Huns*, dont le chef était le terrible Attila, venaient de l'Asie; malgré la terreur qu'ils répandaient autour d'eux, ils furent chassés de la Gaule. Sainte Geneviève fit honte aux Parisiens qui avaient peur. « Défendez-vous au lieu de fuir », disait-elle. Attila, voyant l'attitude menaçante des Parisiens, n'osa pas les attaquer et se retira.

LECTURE — Le manteau du bon soldat Martin.

Au temps où il était soldat dans l'armée romaine, et durant un hiver plus rude qu'à l'ordinaire, le cavalier Martin, dont le cœur était compatissant, rencontra un pauvre homme. Le pauvre homme n'était guère vêtu et il avait bien froid.

LE MANTEAU DU SOLDAT MARTIN
« Aimons-nous les uns les autres. »

Le bon soldat Martin eut grand'pitié de ce malheureux.

« Mon frère, lui dit-il, après avoir arrêté son cheval, mon frère, accepte la moitié de mon manteau; tu le mettras sur tes épaules et tu auras moins froid. »

Disant cela, Martin prenait son épée et coupait une partie du manteau pour en couvrir le malheureux.

Ses camarades, qui avaient vu l'action sans la comprendre, se mirent à rire, en se moquant du soldat Martin qui n'avait plus qu'une moitié de manteau. Mais celui qui devait être un jour le « bon saint Martin » ne se fâchait point des moqueries dont il était l'objet. Au contraire, il souriait et se répétait à lui-même ces belles paroles de fraternité que nous devrions souvent nous redire : « Aimons-nous les uns les autres ».

1° DEVOIR ÉCRIT — 2° EXERCICE D'ÉLOCUTION

Écrivez de mémoire. — 1° Les noms des deux peuples qui envahirent la Gaule romaine et les paroles farouches que disait Attila. — 2° Les belles paroles de fraternité que disait le soldat Martin.

Élocution. — Faites le récit de la rencontre du bon soldat Martin avec le pauvre homme.

4e LEÇON *481-511*

CLOVIS, LE GRAND ROI DES FRANCS

CLOVIS
Le grand roi franc.

13. **Clovis, 481-511.** — En l'année 481, ***Clovis***, soldat brave et intelligent, *petit-fils de Mérovée*, fut proclamé ***roi***, ou chef des Francs. On l'éleva sur un bouclier et quatre guerriers le portèrent sur leurs épaules, autour du camp, aux acclamations de tous les Francs.

L'élection des rois francs, à cette époque, se faisait sans plus de cérémonie.

14. **Clovis et l'évêque Remi.** — Clovis, pour augmenter son pouvoir, se fit l'ami des évêques, qui étaient alors très puissants. Or, dans une guerre contre les Romains, les Francs pillèrent l'église de ***Soissons***, et prirent un vase précieux.

Clovis aurait bien voulu rendre à l'évêque Remi le vase précieux; mais un soldat brisa le vase magnifique, en s'écriant : « Tu n'auras, ô roi, que ce que le sort te donnera ». Clovis dissimula sa colère; mais l'année suivante, se trouvant en face du soldat, le roi lui fendit la tête en disant : « Souviens-toi du vase de Soissons ». Cette vengeance cruelle de Clovis prouve combien les Francs étaient encore barbares.

15. **Mariage de Clovis.** — Clovis épousa une princesse chrétienne, Clotilde. Peu de temps après ce mariage, les *Alamans* (Allemands) pénétrèrent en Gaule. Clovis, qui ne voulait point partager son territoire avec eux, leur livra, en 496, la bataille dite de ***Tolbiac***, près du Rhin. Clovis allait être vaincu. A ce moment il s'écria : « *Dieu de Clotilde, si tu me donnes la victoire, je me ferai baptiser!* » et, chargeant les Alamans avec fureur, il les culbuta et remporta la victoire.

16. **Baptême de Clovis.** — Après la victoire de Tolbiac, Clovis et 3000 de ses guerriers allèrent à Reims, où ils se firent baptiser par l'évêque Remi, et Clovis fut déclaré le « Fils aîné de l'Église ». Clovis, le plus grand roi mérovingien, mourut en 511, après s'être rendu maître de presque toute la Gaule.

LES FRANCS

RÉSUMÉ-QUESTIONNAIRE DE LA 4e LEÇON

1° — ***Clovis fut-il un grand roi?*** — Clovis, qui régna de 481 à 511, fut le plus grand roi de la famille mérovingienne. A son avènement, les Francs ne possédaient qu'un tout petit pays au nord, le long du Rhin. A sa mort, ils possédaient presque toute la Gaule.

2° — ***Quels sont les actes de Clovis?*** — Clovis se fit le défenseur de l'Église. En retour, les évêques, très puissants à cette époque, se firent les protecteurs du roi franc. Clovis battit les Alamans à *Tolbiac*, en 496, et, à la suite d'un vœu, il reçut le baptême avec 3000 guerriers francs. Aidé par le clergé, il put dès lors conquérir presque toute la Gaule.

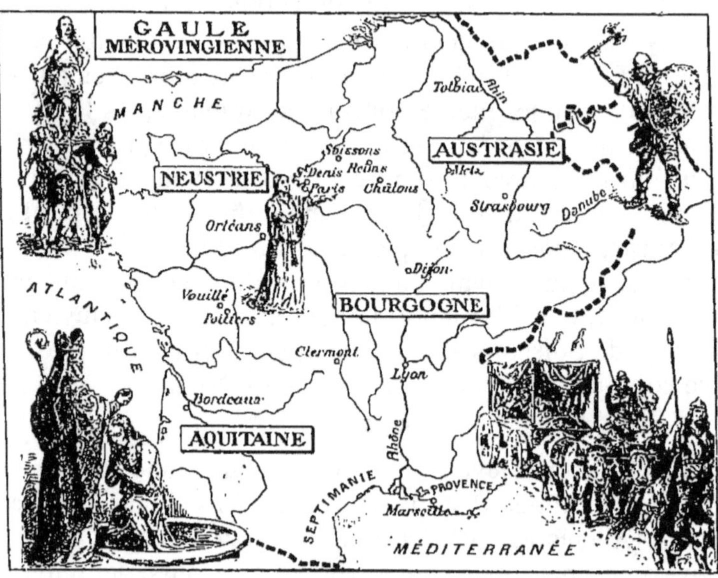

DEVOIR ÉCRIT ET EXERCICE D'ÉLOCUTION

Clovis proclamé roi. — Copiez les phrases qui suivent et remplacez les points par les noms convenables :

DEVOIR. — Lorsque ... fut proclamé ..., on l'éleva sur un ... et quatre ... le portèrent sur leurs ... autour du ... aux acclamations de tous les .... — Clovis fut baptisé à ... avec ... de ses guerriers. Et Clovis fut déclaré ....

MODÈLE DU DEVOIR : *Lorsque Clovis fut proclamé roi....*

Élocution. — 1° Regardez bien la carte et dites ce que représentent les deux dessins à gauche, et celui du milieu. — 2° Trouvez sur la carte les villes de Soissons, de Tolbiac, de Reims. Quelle histoire vous rappelle Soissons? Racontez-la. Cette histoire du vase de Soissons vous prouve-t-elle que les rois francs étaient très obéis de leurs guerriers? que les rois francs étaient barbares?

5e LEÇON *768-814*

FIN DES DESCENDANTS DE MÉROVÉE

17. **Dagobert, 628-638.** — Parmi les fils et les petits-fils de Clovis, il n'y eut qu'un grand roi : ***Dagobert***, qui gouverna avec son habile ministre, le bon saint Éloi.

Après lui, vinrent les *rois fainéants*.

Mollement couchés dans des chariots attelés de bœufs, ils parcouraient leurs domaines. Ils ne s'occupaient ni de se défendre contre leurs ennemis, ni de gouverner.

18. **Les Maires du Palais.** — Toute l'autorité passa aux *officiers* du palais qu'on appelait les « Maires du Palais ».

Un des plus illustres fut ***Charles Martel***. Il gagna, sur les Arabes, déjà maîtres de l'Espagne et qui voulaient faire la conquête de l'Europe entière, une grande bataille à *Poitiers*, en ***732***, et les força à quitter le royaume.

Son fils, ***Pépin le Bref***, ayant toute l'autorité d'un roi, voulut en avoir le titre. Il obligea le roi fainéant Childéric à se retirer dans un couvent et il prit pour lui la couronne royale, en ***751***. Ainsi finit la dynastie mérovingienne.

DYNASTIE DES CAROLINGIENS

CHARLEMAGNE
L'ami des bons écoliers.

19. Pépin eut pour fils ***Charlemagne***, en latin *Carolus magnus*, ce qui veut dire Charles le Grand. Il régna de 768 à 814. C'est Charlemagne qui donna son nom à la seconde race de nos rois : la *race carolingienne*.

Charlemagne fut à la fois un grand homme de guerre ou conquérant; un bon faiseur de lois ou législateur; un grand ami de l'instruction et de l'agriculture, ou civilisateur.

20. **Les guerres de Charlemagne.** — Charlemagne a fait *trois grandes guerres*. La première guerre fut dirigée contre les ***Lombards***. Établis au nord de l'Italie, les Lombards menaçaient Rome et le pape. Charlemagne se fit le défenseur du pape; il battit les Lombards, en 774, et donna au pape toutes les provinces qu'il enleva à *Didier*, le roi des Lombards.

RÉSUMÉ-QUESTIONNAIRE DE LA 5e LEÇON

1° — **Comment les Carolingiens succédèrent-ils aux Mérovingiens?** — Les maires du palais, *Charles Martel* et *Pépin le Bref*, s'emparèrent du gouvernement de la France et Pépin se fit proclamer roi.

2° — **Charlemagne fut-il un grand roi?** — Charlemagne, fils de Pépin le Bref, fut un très grand roi. Il régna de 768 à 814; il fut *conquérant, législateur, protecteur de l'instruction et de l'agriculture.*

3° — **Pourquoi fit-il la guerre aux Lombards?** — Charlemagne fit la guerre aux Lombards, parce que les Lombards menaçaient le Pape. Les Lombards furent vaincus, en 774; leur territoire fut donné au Pape.

LECTURE — L'illustre ami des écoliers! Charlemagne.

Charlemagne avait fait construire dans son palais une école où de très bons maîtres enseignaient. Souvent Charlemagne venait voir les élèves, qui étaient fils de grands seigneurs, et aussi fils de pauvres gens. Il aimait beaucoup les enfants studieux; il méprisait les paresseux.

BONS ÉLÈVES — CHARLEMAGNE — MAUVAIS ÉLÈVES

Un jour l'empereur vit des devoirs très bien faits; d'autres devoirs très mal faits.

Alors Charlemagne fit passer à sa droite les bons élèves, presque tous fils de pauvres gens; il fit passer à sa gauche les mauvais élèves, parmi lesquels se trouvaient des fils de grands seigneurs, et il dit à ceux de droite : « Vous, mes fils, qui avez bien travaillé, grand merci! je vous récompenserai et je vous donnerai des domaines magnifiques! » Puis se tournant vers les paresseux, il leur adressa ces terribles paroles : « Fils de nobles, vous avez négligé l'étude pour vous livrer au jeu et à la paresse. Sachez que je ne fais pas grand cas de votre noblesse. Si vous ne travaillez pas, vous n'obtiendrez rien du roi Charles et vous serez méprisés! »

Les bons élèves furent bien fiers des compliments du roi Charlemagne. Les mauvais élèves furent bien honteux de ses reproches.

EXERCICE DE RÉFLEXION ET D'ÉLOCUTION

1° Dites pourquoi la Saint-Charlemagne est la fête des bons écoliers. — 2° D'après votre lecture, racontez une visite de Charlemagne aux élèves de l'école installée dans son palais.

6e LEÇON 768-814

L'EMPEREUR CHARLEMAGNE (Suite)

STATUE DE L'EMPEREUR CHARLEMAGNE

21. **Guerre contre les Arabes.** — Quelques années après son expédition contre les Lombards, Charlemagne fit la guerre aux *Arabes*, établis en Espagne, et qui, déjà vaincus en 732, essayaient encore d'envahir nos provinces du Midi. Il leur enleva tout le nord de l'Espagne jusqu'au fleuve de l'Èbre. Mais, au retour de cette expédition, son arrière-garde et son cher neveu ***Roland*** furent massacrés dans la vallée de *Roncevaux*, dans les Pyrénées.

22. **Guerre contre les Saxons.** — *Au nord de l'Allemagne*, vivait un peuple farouche, un peuple païen, qui ne cessait de menacer l'empire des Francs. C'était le peuple ***saxon***. Charlemagne, afin de protéger son empire, entreprit de mettre sous sa domination les Saxons, de les rendre chrétiens et de les civiliser. Pour arriver à ce triple résultat, il leur fit la guerre durant trente années! Enfin, ***Witikind***, le grand chef saxon, se soumit à Charlemagne et consentit à recevoir le *baptême* avec tous ses compagnons d'armes. Dès lors, la guerre cessa et la Saxe, dotée de bonnes lois par Charlemagne, devint un pays civilisé.

23. **Étendue de l'empire de Charlemagne.** — Après sa conquête de la Saxe, Charlemagne eut un empire très vaste qui comprenait : la *Gaule* et l'*Allemagne* jusqu'au fleuve l'Elbe; l'*Espagne* jusqu'à l'Èbre, et tout le nord de l'*Italie*. (Voyez carte p. 15.)

24. **Charlemagne couronné empereur.** — Charlemagne était allé à Rome, en l'an 800, pour les fêtes de Noël. Le pape, Léon III, lui posa sur la tête la couronne impériale en disant : « *A Charles, grand et pacifique empereur, vie et victoire!* » Tous les assistants acclamèrent « l'empereur » Charlemagne.

LES FRANCS

RÉSUMÉ-QUESTIONNAIRE DE LA 6e LEÇON

1° — *Où périt Roland, neveu de Charlemagne?* — Roland, le glorieux neveu de Charlemagne, fut massacré à Roncevaux, dans les Pyrénées, à son retour de l'expédition d'Espagne.

2° — *Quelle fut la plus longue des guerres de Charlemagne?* — Ce fut la guerre contre les *Saxons*, peuple païen, que Charlemagne voulait civiliser. Cette guerre dura 30 ans. Elle se termina quand **Witikind**, chef des Saxons, se soumit à Charlemagne et consentit à se faire baptiser.

3° — *En quelle année Charlemagne fut-il couronné empereur?* — Charlemagne fut couronné empereur en **l'an 800**, à Rome. D'ailleurs, sa puissance était bien celle d'un empereur puisqu'il était maître : 1° de la Gaule; 2° de l'Allemagne jusqu'à l'Elbe; 3° du nord de l'Italie; 4° du nord de l'Espagne.

LECTURE — Charlemagne et les Saxons.

Voulez-vous connaître, petits écoliers, le portrait de votre illustre ami, Charlemagne? Il était très grand, assez gros, dur à la fatigue. Ses yeux étaient vifs et bien fendus, ses cheveux longs; il portait toute sa barbe, qui était fort belle. Point hautain ni dédaigneux, toute sa personne, cependant, montrait de la grandeur, de la dignité.

WITIKIND SE LIVRE A CHARLEMAGNE

Comme tous les rois de cette époque, Charlemagne fit beaucoup de guerres. La plus longue et aussi la plus difficile fut la guerre contre les Saxons.

Il faut que vous sachiez que les Saxons étaient païens et tout à fait barbares; ils habitaient le pays que nous appelons maintenant l'Allemagne. Leur chef, un homme très brave, se nommait Witikind.

Quand Witikind comprit que, en résistant plus longtemps à Charlemagne, tous les Saxons périraient, il se résigna à courber la tête sous la loi du vainqueur. Il alla, avec ses guerriers, déposer aux pieds de Charlemagne son épée, ses enseignes, et se laissa baptiser.

La Saxe étant conquise, Charlemagne la civilisa.

EXERCICE ORAL

Observation et élocution d'après l'image. — Nommez les deux principaux personnages de cette gravure, et racontez l'événement que représente ce dessin.

7e *LEÇON* 814-843

CE QUE DEVINT L'EMPIRE DE CHARLEMAGNE

25. **Les lois de Charlemagne.** — Charlemagne gouverna admirablement son vaste empire. Il dicta lui-même de bonnes lois appelées : ***les Capitulaires.*** Il établit dans chaque province des gouverneurs avec les titres de *ducs*, *comtes*, *marquis* ; il les fit surveiller par des inspecteurs qu'il nommait ses « *missi dominici* ». Ces mots latins signifient : envoyés du maître (c'est-à-dire, envoyés de l'empereur).

26. **Les écoles de Charlemagne. — Sa mort.** — Charlemagne pensait avec raison que, pour civiliser un peuple, pour le rendre meilleur, il faut l'instruire; et il fonda ***des écoles***, où l'on enseignait le chant, la lecture, l'écriture, la grammaire et le calcul; il fut *lui-même l'Inspecteur* de ces écoles. Charlemagne mourut en 814.

27. **Les Normands.** — Dès que Charlemagne fut mort, de hardis pirates, venus du nord, les ***Normands,*** ravagèrent la Gaule. Montés sur des barques légères, ils suivaient le cours des fleuves, des rivières, et pénétraient dans l'intérieur des pays, commettant d'effroyables carnages. Paris même fut assiégé par eux. Ainsi, avant de devenir de bons Français, les Normands furent un fléau pour la France.

28. **Création du royaume de France, en 843. — La Féodalité.** — Les fils et les petits-fils de Charlemagne se partagèrent l'héritage du grand empereur. En l'année ***843***, fut signé *le traité de Verdun*, par lequel on décida que l'empire serait partagé en trois royaumes : 1° *la France*; 2° *l'Italie*; 3° *l'Allemagne.* Ce fut donc à partir de 843 que l'empire franc devint le ***royaume de France.*** Mais le royaume de France se divisa bientôt en une multitude de petits États, car les ducs, les comtes, les marquis voulaient être libres dans leurs domaines et refusaient d'obéir au *roi de France.* L'époque de la toute-puissance des seigneurs fut l'époque de ***la féodalité.***

RÉSUMÉ-QUESTIONNAIRE DE LA 7e LEÇON

1° — **Charlemagne ne s'occupa-t-il que de conquêtes?** — Charlemagne ne s'occupa pas seulement de conquêtes; il fut aussi un grand administrateur. Il dicta des lois appelées *capitulaires*; nomma des gouverneurs de provinces, puis des inspecteurs, ou *missi dominici*, pour surveiller ces gouverneurs. Il fonda de nombreuses écoles.

2° — **Que devint l'empire de Charlemagne, après sa mort?** — Après la mort de Charlemagne, tout tomba dans le désordre; les Normands pillèrent les villes situées au bord des fleuves; l'empire fut divisé. Enfin, en **843**, *par le traité de Verdun*, fut créé le **royaume de France**.

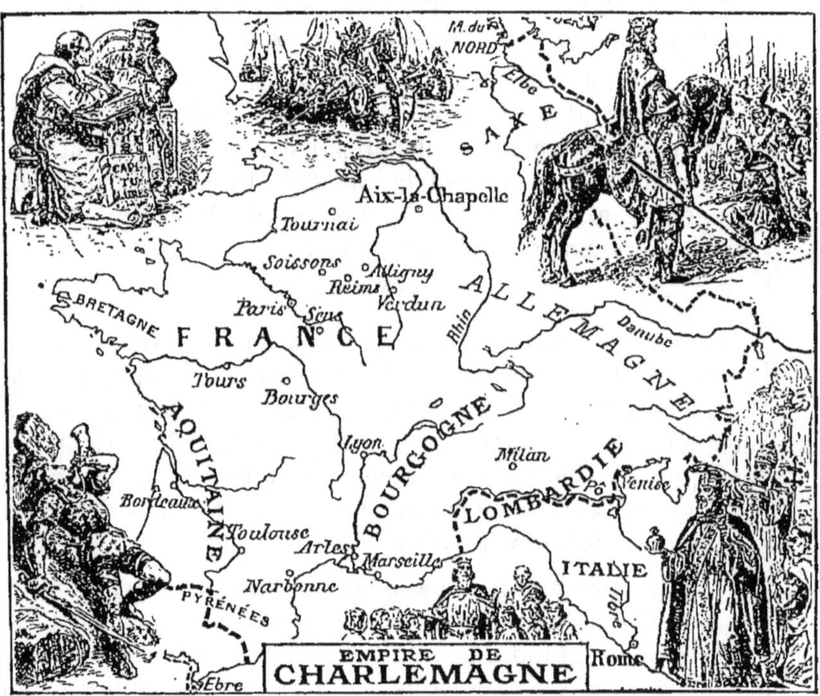

EMPIRE DE CHARLEMAGNE

COMPOSITION SUR LA 1re PÉRIODE

Ce que je vois sur la gravure. Rédaction d'après l'image.

Remplacez les points par les noms qui conviennent et terminez chaque paragraphe par une très courte réflexion personnelle : 1° Je vois ..., neveu de .... Il est à terre; il tient dans sa main droite .... — Il souffle dans ... pour appeler .... — 2° Je vois le chef des ..., nommé ..., qui se rend à .... — 3° Je vois ... qui gronde les ... et qui complimente les .... — 4° Je vois Charlemagne qui vient de recevoir la couronne ... des mains du . .. — 5° Je vois . . qui dicte des lois appelées .... — 6° Je vois, montés sur de légères barques, les ....

Modèle du devoir : *Je vois Roland, neveu de Charlemagne.*

RÉCAPITULATION PAR L'IMAGE

Où les Gaulois habitaient-ils?

Quelle était la Grande Fête religieuse des Gaulois – Comment se nommaient leurs prêtres ?

Quel était l'aspect de la Gaule?

Comment les Guerriers francs étaient ils vêtus?

Racontez l'histoire des oies du Capitole

Que fait ce soldat ? Dites son nom ?

Les Romains ont-ils laissé la Gaule inculte ?

Pourquoi la petite Blandine est-elle parmi les lions ?

Nommez ce chef Gaulois

Quel est ce fier Gaulois ?_ Racontez sa sublime histoire ?_ Regardez bien le dessin et dites en détail ce que représente chaque personnage et chaque objet.

Nommez ce général Romain

RÉCAPITULATION PAR L'IMAGE

DEUXIÈME PÉRIODE

DE HUGUES CAPET A PHILIPPE LE BEL

La France devient une grande nation. — Les Croisades.

1re LEÇON *987-1223*

HUGUES CAPET ET SA DYNASTIE

HUGUES CAPET
1er roi capétien.

29. **Les premiers Capétiens.** — Lorsque le dernier roi carolingien eut été détrôné, ce fut une famille de grands seigneurs, celle des *ducs de France*, qui fit donner à son chef, Hugues Capet, le titre de roi.

Hugues Capet, en 987, fonda la dynastie des ***Capétiens***. Les quatre premiers Capétiens, Hugues Capet, Robert le Pieux, Henri Ier et Philippe Ier, n'eurent pas beaucoup d'autorité, parce qu'à cette époque les nobles, très puissants dans leurs châteaux féodaux, étaient plus forts que le roi et refusaient de lui obéir.

30. **Louis VI et l'abbé Suger.** — Mais l'Église protégea les premiers Capétiens qui, par la suite, devinrent très puissants. Ainsi ***Louis VI le Gros***, 1108-1137, força les seigneurs turbulents de son domaine à lui obéir. Aidé de son ministre, *l'abbé Suger*, il fit démolir les châteaux des nobles pillards, et les paysans n'eurent plus à souffrir de leurs rapines.

PHILIPPE AUGUSTE
Le vainqueur de Bouvines.

31. **Philippe Auguste, 1180-1223.** — Un des rois qui augmenta le plus la puissance royale fut *Philippe Auguste*, qui régna de 1180 à 1223.

32. **Les Français, les Anglais, les Allemands.** — Le roi d'Angleterre possédait en France de superbes provinces que Philippe Auguste voulait absolument lui reprendre. C'était d'ailleurs son devoir de roi. Et il fit la guerre aux Anglais.

Or, voici que les *Allemands* s'allièrent aux *Anglais*.

Le roi de France attaqua les Allemands et les Anglais réunis; il gagna sur eux la grande bataille de ***Bouvines***, en 1214. Philippe Auguste reprit aux Anglais la *Normandie*. Il mourut en 1223.

RÉSUMÉ-QUESTIONNAIRE DE LA 1re LEÇON

1° — *Que savez-vous de Hugues Capet et de Louis VI?* — Hugues Capet, *duc de France*, devint roi et fonda la **dynastie capétienne**. Sous Louis VI, aidé par le bon *abbé Suger*, la royauté se fit respecter.

2° — *Quel fut le premier grand roi de la dynastie capétienne?* — Le premier grand roi de la dynastie capétienne fut Philippe Auguste qui régna de 1180 à 1223. Il conquit, sur les *Anglais*, la province de *Normandie*. Il gagna à **Bouvines**, en 1214, une grande victoire sur les Anglais et sur les Allemands réunis. Paris reçut triomphalement son roi victorieux.

LECTURE — La Société féodale dans l'ancien temps.

Il ne faudrait pas croire, petits enfants, que, dans l'ancien temps, les rois étaient les ***souverains*** de la France, c'est-à-dire les *maîtres*. Oh! pas du tout : ils n'étaient que les ***suzerains*** (ou supérieurs) des autres nobles; le titre de roi était simplement au-dessus de celui de duc, de comte, de marquis, de baron. Et remarquez que le roi, le plus noble seigneur du royaume, n'était pas le plus puissant, puisque le duc de Normandie et le comte de Toulouse avaient de plus grands domaines que lui.

LE CHÂTEAU FÉODAL. LES SERFS

Sous les premiers Capétiens, les véritables souverains de la France furent les ***nobles*** qui, dans leurs châteaux féodaux, vivaient indépendants. Au pied des châteaux forts, se groupaient les cabanes des paysans ou ***serfs***.

Les serfs formaient la dernière classe de la société; ils étaient les hommes de peine des seigneurs. En ce temps-là, les campagnes étaient sans cesse dévastées par les gens d'armes; les pauvres serfs étaient bien malheureux!

AUX TEMPS DE LA FÉODALITÉ

Le seigneur est à la guerre : un troubadour (poète et chanteur) vient égayer la veillée au château : il chante les exploits des vaillants guerriers.

Quant aux habitants des villes, ou ***bourgeois***, ils purent, petit à petit, devenir des hommes libres : ils mirent tous leurs intérêts en ***commun***, et les villes, qu'ils firent entourer d'un mur de défense, s'appelèrent des ***communes***. Au centre s'élevait le *beffroi*, ou tour, d'où l'on signalait l'arrivée de l'ennemi.

EXERCICE D'ÉLOCUTION

1° Dites comment, dans l'ancien temps, la société était formée. — 2° Quelle était la vie des nobles? Où habitaient-ils? — 3° Et les serfs? — 4° Et les bourgeois?

2e *LEÇON* *1226-1270*

SAINT LOUIS ET BLANCHE DE CASTILLE

33. **Louis IX, 1226-1270.** — Nous voici arrivés à l'un des plus beaux règnes de notre histoire, au règne du roi Louis IX, le noble ami de la *Justice*.

Lorsque Louis IX perdit son père, Louis VIII, en 1226, il n'avait que onze ans. Le gouvernement de la France fut confié dix années à sa mère : la reine ***Blanche de Castille***.

BLANCHE DE CASTILLE
La mère de saint Louis.

34. **Régence de Blanche de Castille.** — La reine Blanche de Castille, régente du royaume de France, partagea ses soins entre son fils chéri et la France : premièrement, elle instruisit son fils et travailla à le rendre sage et bon ; deuxièmement, elle gouverna fermement le royaume, ce qui n'était pas très facile.

En effet, les seigneurs, avec l'aide des Anglais, lui firent la guerre pour obtenir des places, des honneurs et pour accroître leurs richesses. Mais la reine Blanche sut habilement réduire tous ces grands personnages à l'obéissance.

35. **Gouvernement personnel de Louis IX.** — En 1236, lorsque ***Louis IX*** eut vingt et un ans, Blanche de Castille lui céda le pouvoir. Ce roi, le modèle des rois, était très bon, très juste, mais sévère quand il le fallait. Ainsi, pour châtier les seigneurs qui s'étaient révoltés et alliés aux Anglais, il leur livra deux batailles sur les bords de la Charente, à *Taillebourg* et à *Saintes* ; il se battit héroïquement et remporta la victoire.

LOUIS IX
Le modèle des rois.

36. **Louis IX sous le chêne de Vincennes.** — Ce bon roi s'occupait aussi de rendre la justice à tous ses sujets. Il allait souvent s'asseoir sous un chêne, à Vincennes, et, là, il écoutait les pauvres gens, les femmes, les orphelins. Jamais il ne craignit de punir ceux qui le méritaient, fussent-ils les plus nobles seigneurs du royaume. Sous son règne, la justice passa avant la force.

RÉSUMÉ-QUESTIONNAIRE DE LA 2e LEÇON

1° — *A qui le gouvernement de la France fut-il confié pendant la minorité de Louis IX?* — Le gouvernement de la France fut confié à la reine mère, **Blanche de Castille,** jusqu'à ce que Louis IX eût vingt et un ans. Cette reine donna une très bonne éducation au jeune roi; elle gouverna avec fermeté et força les seigneurs à obéir.

2° — *Louis IX fut-il un bon roi?* — Louis IX, dont le règne s'étend de 1226 à 1270, fut le modèle des rois. Très bon, mais très brave, il n'hésita pas à faire la guerre aux ennemis de la France et aux seigneurs révoltés. Il jugeait ses sujets lui-même, sous le chêne de Vincennes. Tous, riches et pauvres, pouvaient l'approcher. Son règne fut le règne de la *Justice*.

LECTURE — Le fils de la reine Blanche (Louis IX).

Le fils de la reine Blanche était un bel enfant blond. Il avait des yeux bleus très doux; son visage était pâle, ses membres étaient minces et nerveux.

Comme toutes les mamans, la reine Blanche aimait beaucoup son fils; elle faisait tout ce qu'elle pouvait pour le rendre bon, honnête, généreux.

LOUIS IX RECEVANT LES LEÇONS DE SA MÈRE

Elle lui disait que rien n'est plus honteux que le mensonge; rien n'est plus sot que la vanité; rien n'est plus injuste que d'être méchant pour son prochain.

Le résultat d'une telle éducation se fit sentir de bonne heure. Le jeune roi Louis était bon et poli pour tout le monde, même pour le plus humble de ses sujets. Jamais il ne mentait; jamais il ne se vantait. Il était plein de respect et d'affection pour ses maîtres qu'il ne trouvait ni trop sévères ni trop ennuyeux. Enfin Louis aimait sa mère de toutes ses forces. Il aurait été malheureux rien qu'à l'idée de lui faire du chagrin!

Aussi, quand la reine présentait fièrement au peuple son bel enfant si sage, vêtu selon la mode de l'époque d'une longue robe bleue, tout le monde s'inclinait avec un affectueux respect devant ce jeune prince qui savait gagner tous les cœurs.

DEVOIR DE RÉDACTION ÉCRITE

Portrait du fils de la reine Blanche. — 1° La nuance de ses cheveux. — 2° La couleur et l'expression de ses yeux. — 3° Son visage était-il vermeil ou pâle. — 4° Ses membres étaient-ils forts ou frêles? — 5° Que lui disait sa mère?

MODÈLE DU DEVOIR : *Le fils de la reine Blanche avait les cheveux blonds.*

3e LEÇON *1099-1270*

LES CROISADES

37. **Les Croisades.** — Les seigneurs de l'époque féodale entreprirent de glorieuses expéditions : les plus considérables, les plus merveilleuses furent les ***Croisades***.

Les Croisades étaient des guerres faites aux Turcs, par les chrétiens, pour leur prendre la ville de ***Jérusalem***, où se trouvait le tombeau de Jésus-Christ.

On donna à ces guerres le nom de *Croisades*, et aux chrétiens qui les firent, le nom de *Croisés*, parce que, pour aller combattre en Terre Sainte, contre les Turcs, ils cousaient sur leurs vêtements une *croix* d'étoffe rouge.

GODEFROY DE BOUILLON
Le héros
de la 1re croisade.

38. **Pierre l'Ermite et Godefroy de Bouillon.** — La première de ces expéditions merveilleuses fut prêchée par un pauvre pèlerin, *Pierre l'Ermite*, qui, à son retour de Jérusalem, raconta les outrages que les Turcs infligeaient aux chrétiens. Un seigneur, nommé ***Godefroy de Bouillon***, fut le chef et le héros de la première Croisade. Jérusalem fut prise en 1099.

39. **Croisades de Louis IX.** — Jérusalem ne tarda pas à être reprise par les Turcs. Louis IX ne s'en consolait pas. Pendant une grave maladie, il fit le vœu, s'il guérissait, d'entreprendre une croisade.

Dès qu'il fut rétabli, il s'embarqua à *Aigues-Mortes*, sur la Méditerranée, avec tous ses chevaliers. Il se rendit en Égypte, où résidait le sultan qui s'était emparé de Jérusalem. Mais ***Louis IX***, vaincu à *Mansourah*, fut fait prisonnier. Dans le même temps, sa noble mère, Blanche de Castille, mourait.

40. **Louis IX à Tunis. — Sa mort, 1270.** — Louis IX, ayant été rendu à la liberté, ne désespérait pas de délivrer le tombeau du Christ. C'est pourquoi, dès qu'il le put, il entreprit une nouvelle croisade. Il s'embarqua pour ***Tunis***. Mais, à peine débarqué en Afrique, il fut atteint de la peste et il expira. Tout le peuple de France pleura ce bon, ce juste roi.

RÉSUMÉ-QUESTIONNAIRE DE LA 3e LEÇON

1° — ***Qu'appelle-t-on « les Croisades ? »*** — Les croisades furent des expéditions entreprises pour délivrer **Jérusalem**, qui était aux mains des Turcs.

2° — ***Qui organisa la première Croisade ?*** — La première croisade, prêchée par *Pierre l'Ermite*, fut organisée par *Godefroy de Bouillon*, qui en fut le chef et le héros. Les croisés prirent Jérusalem en 1099. Mais, plus tard, Jérusalem retomba au pouvoir des Turcs.

3° — ***Combien Louis IX entreprit-il de croisades ?*** — Louis IX entreprit deux croisades. A sa première croisade, son armée fut battue à *Mansourah*, en Égypte, et lui-même fut fait prisonnier. A sa deuxième croisade, Louis IX débarqua près de *Tunis* et mourut quelques jours après son arrivée en Afrique. Jérusalem resta aux Infidèles.

L'ARRIVÉE DES CROISÉS DEVANT JÉRUSALEM

A la vue de Jérusalem, les Croisés, qui ont tout souffert, tout bravé, pendant leur long voyage, pleurent de joie, se jettent à genoux, baisent la terre.

LECTURE — « **Jérusalem ! Jérusalem !...** »

C'est le matin, 10 mai 1099, un soleil d'Asie flamboie et brûle la terre. Les Croisés ont franchi la dernière colline ; ils aperçoivent tout à coup Jérusalem. A cette vue, des cris éclatent : « Jérusalem !... Jérusalem !... » Et des larmes montent aux yeux de ces rudes guerriers. Ils tendent les bras, se jettent à genoux, embrassent la terre. Mais la ville est fortifiée : il faut la prendre d'assaut. Le combat est rude. Néanmoins, les Croisés l'emportent. Godefroy de Bouillon saute le premier dans la place, y plante son étendard.

EXERCICE D'ÉLOCUTION

Racontez l'émotion et l'enthousiasme des Croisés en apercevant Jérusalem.

4e LEÇON 1285-1328

PHILIPPE LE BEL

PHILIPPE LE BEL. Le roi qui réunit les premiers États généraux.

41. **Philippe le Bel, 1285-1314.** — Les Français, si heureux sous le bon roi Louis IX, cessèrent de l'être sous les règnes de ses successeurs. Pourquoi?

Parce que, de 1285 à 1314, sous le règne de *Philippe IV le Bel*, petit-fils de Louis IX, il fallut que le peuple s'épuisât à travailler pour payer de très lourds impôts.

Cependant, ce règne est un des plus importants de notre histoire nationale. En effet : Philippe le Bel sut si bien se faire craindre et obéir des seigneurs que, pendant son règne, la *royauté devint la première puissance de la France.* Or, depuis Philippe Auguste, c'était la deuxième fois que les Français, sous un chef unique, le ***Roi!*** se sentaient tous fils d'une même patrie, la ***France!***

42. **Le tiers état.** — Jusqu'à Philippe le Bel, jamais le peuple, que l'on appelait le *tiers état* (troisième état), n'avait été admis à discuter les affaires de la France. Seules les deux premières classes du royaume, la *noblesse* et le *clergé*, s'en occupaient.

43. **Les premiers États généraux, 1302.** — Mais, en 1302, Philippe le Bel eut besoin que la nation entière le soutînt dans une lutte où il s'était engagé contre le pape Boniface VIII. *Le pape ne voulait pas que le clergé payât impôt au roi.*

Le roi réunit donc, dans une même assemblée, les députés de la *noblesse*, les députés du *clergé* et les députés du *peuple* ou *tiers état*. Cette assemblée de ***1302*** a été la première réunion des ***États généraux***. La nation donna tort au pape et résolut d'aider son roi en lui donnant de l'argent.

44. **Les fils de Philippe le Bel.** — Philippe le Bel laissa trois fils qui régnèrent l'un après l'autre, mais très peu de temps. A la mort du dernier, le trône fut vivement disputé par un prince français, *Philippe de Valois*, et par un roi d'Angleterre, *Édouard III*.

RÉSUMÉ-QUESTIONNAIRE DE LA 4ᵉ LEÇON

1° — *Le règne de Philippe le Bel fut-il important?* — Le règne de Philippe le Bel fut très important : ce roi rendit très puissante l'autorité royale; mais il exigea des impôts trop lourds pour le peuple.

2° — *A quel propos Philippe le Bel, en 1302, réunit-il les premiers États généraux?* — Philippe le Bel, en ***1302***, réunit les États généraux pour être soutenu par la France dans la querelle qu'il avait avec le pape, à propos de l'impôt sur le clergé. *C'était la première fois que le peuple était consulté.* La nation donna raison à son roi.

LECTURE. — La Chevalerie.

En ce temps, les seigneurs menaient une vie d'aventures; toujours à la chasse ou à la guerre, ils étaient devenus très méchants; leur cœur n'avait plus de pitié.

Les gens d'église étaient alors les seuls qui fussent instruits : aussi jouissaient-ils d'une grande autorité. Ils entreprirent de modifier les mœurs guerrières des nobles, et ils leur dirent :

« Au lieu de toujours vous battre entre vous, employez votre valeur guerrière à vaincre les Infidèles. Soyez les soldats du Christ! » Les seigneurs se firent donc soldats du Christ, et prirent le nom de *Chevaliers*.

LE SEIGNEUR-PARRAIN DONNE L'ACCOLADE AU JEUNE CHEVALIER.

Le Chevalier faisait serment de combattre les Infidèles, c'est-à-dire ceux qui n'étaient pas chrétiens; de défendre les faibles contre les injustices ou les violences des forts, de ne mentir jamais! Le gentilhomme devait être fier de sa qualité de soldat et ne point supporter une insulte. ***Bravoure, loyauté, fierté***, voilà les qualités principales du chevalier.

La grande cérémonie de la chevalerie, c'était le sacre du chevalier. Le jeune noble, ayant appris son métier de guerrier et voulant être reçu chevalier, devait se préparer au sacre par le jeûne, par la veillée des armes devant le tombeau d'un saint. Le prêtre bénissait l'épée du jeune noble et le seigneur-parrain lui frappait trois fois l'épaule du plat de son épée en disant : « Je te fais chevalier. »

La première croisade fut la plus belle des expéditions de la Chevalerie; les *tournois*, image de la guerre, où les gentilshommes, armés d'une lance, *tournoyaient* en sens inverse dans une arène, cherchant à se désarçonner, en furent les jeux préférés. Le vainqueur recevait le prix des mains d'une « Noble Dame ».

COMPOSITION SUR LA DEUXIÈME PÉRIODE

SUJET A TRAITER PAR ÉCRIT : *Écrivez les noms de tous les rois dont parle votre histoire, depuis Hugues Capet jusqu'à Philippe le Bel.*

SUJET A TRAITER DE VIVE VOIX : *Racontez l'histoire du bon roi Louis IX.*

RÉCAPITULATION PAR L'IMAGE

RÉCAPITULATION PAR L'IMAGE

DE LOUIS IX A PHILIPPE LE BEL — *2e PÉRIODE*

Le roi Louis IX

Montrez le beffroi de cette commune ? Pourquoi les bourgeois formaient-ils des Communes ?

La reine Blanche de Castille

Où Saint-Louis s'embarqua-t-il pour ses croisades ?

Décrivez ce dessin ?

Parlez de l'enfance de Louis IX

Qu'appelait-on un tournoi ?

Quelle cérémonie représente ce dessin ?

Le roi Philippe le Bel

Qu'appelait-on les États généraux ? Pourquoi leur première réunion est-elle un grand fait historique ?

Le pape Boniface VIII

TROISIÈME PÉRIODE

DE PHILIPPE VI A LOUIS XI

La Guerre de Cent Ans. — Le roi, maître absolu.

1re LEÇON *1328-1364*

LE ROI D'ANGLETERRE VEUT LA FRANCE!

PHILIPPE VI
Qui commença la guerre de Cent Ans.

45. **Philippe VI, 1328-1350.** — En 1328, deux cousins se disputèrent le trône de France. L'un des deux cousins, *Édouard III*, était déjà roi en *Angleterre* : la France ne voulut pas d'Édouard et donna la préférence à l'autre cousin qui s'appelait ***Philippe VI***. Édouard III, pour se venger d'avoir été exclu du trône de France et pour s'en emparer de force, nous déclara la guerre.

46. **La guerre de Cent Ans.** — Cette guerre avec l'Angleterre dura *Cent ans*. Les Français, très braves, mais très imprudents, furent vaincus à la bataille de ***Crécy***, en 1346, où l'on se servit de canons pour la première fois. L'année suivante, en 1347, les Anglais nous prirent la ville de ***Calais***. Enfin, en 1356, sous le roi *Jean le Bon*, nous perdîmes la bataille de ***Poitiers***[1] et le roi Jean, fait prisonnier, fut conduit à Londres.

47. **Jacques Bonhomme se révolte.** — Le roi étant prisonnier à Londres, la France tomba dans le désordre. Les paysans, las de souffrir et de payer pour tous, et que, par moquerie, les nobles appelaient *Jacques Bonhomme*, se révoltèrent et firent aux seigneurs une guerre atroce nommée la ***Jacquerie***.

48. **Étienne Marcel.** — Dans le même temps, vivait Étienne Marcel, le *maire de Paris*. Il dit : « Puisque les rois et les seigneurs ne savent plus défendre la France, c'est le peuple et la bourgeoisie qui la défendront et la gouverneront. » Mais Étienne Marcel ne fut pas écouté : le pouvoir des rois fut de plus en plus absolu et la misère de notre pays devint horrible.

1. A la bataille de Poitiers, le petit prince Philippe, âgé de douze ans, combattait aux côtés de son père, le roi Jean le Bon. « Père, criait le petit prince, gardez-vous à droite!... Père, gardez-vous à gauche! »

RÉSUMÉ-QUESTIONNAIRE DE LA 1re LEÇON

1° — *Quelle fut la cause qui fit éclater la guerre de Cent Ans?* — Le roi d'Angleterre voulait être roi de France: mais les Français donnèrent la couronne à son cousin **Philippe VI**. Ce fut pour prendre de force la couronne à Philippe VI qu'Édouard III fit la guerre aux Français.

2° — *Quels furent les désastres qui marquèrent les commencements de la guerre de Cent Ans?* — Les désastres qui marquèrent les commencements de la guerre de Cent Ans furent : 1° le désastre de *Crécy*; 2° la perte de *Calais*; 3° la défaite de *Poitiers*, suivie de la captivité du roi Jean le Bon. C'est pendant que Jean le Bon était prisonnier en Angleterre, que les paysans, exaspérés par la méchanceté de beaucoup de seigneurs, firent la guerre appelée la **Jacquerie**.

***LECTURE* — Les six bourgeois de Calais.**

Édouard III avait, durant une année tout entière, assiégé Calais. Rendu furieux par la résistance héroïque de ses braves habitants, et parce que son cœur était dur, il résolut de se venger. Il déclara donc qu'il ne laisserait les Calaisiens libres que lorsque six bourgeois, parmi les plus riches de la ville, seraient venus se livrer à lui, en une tenue bien humiliante, c'est-à-dire en chemise, pieds nus et, au cou, la corde qui servirait à les pendre.

« AH! GENTIL SIRE, POUR L'AMOUR DE MOI, AYEZ, DE CES SIX HOMMES, PITIÉ. »

Et lorsque, dans Calais, cet arrêt barbare fut connu, il n'y eut plus que pleurs et cris, « tellement qu'il ne fut si dur cœur au monde qui n'en prît pitié ».

C'est alors que le sire Eustache de Saint-Pierre, dit : « Plutôt que de voir mourir tous les Calaisiens de famine ou autre dureté, je préfère aller nu-pieds et la corde au cou me livrer au roi d'Angleterre ». Aussitôt cinq autres bourgeois de Calais tinrent le même langage... et, dévêtus comme il était ordonné, s'en allèrent trouver Édouard III, qui commanda qu'on les pendît.

Mais sa femme, la reine Philippine de Hainaut, princesse française, eut grand'pitié des Calaisiens; elle se jeta aux pieds de son terrible époux et tant pleura, tant le supplia, qu'il fut contraint, bien à contre-cœur, de faire grâce à Eustache et à ses cinq compagnons.

RÉDACTION ORALE D'APRÈS L'IMAGE

Dites ce que représente la gravure ci-dessus; puis racontez l'histoire du siège de Calais.

2e LEÇON — 1364-1380

CHARLES V, LE SAGE

CHARLES V
L'ami de Du Guesclin

49. **Charles V, 1364-1380.** — Après le désastre de Poitiers, après la guerre des paysans contre les méchants seigneurs, après la tentative d'Étienne Marcel contre la royauté, la France semblait devoir périr, trop faible pour se défendre, puisque la moitié du pays était aux Anglais. Mais le prudent roi ***Charles V*** et le brave *Du Guesclin* sauvèrent la France de la domination anglaise.

50. **Du Guesclin.** — Bertrand Du Guesclin était fils d'un chevalier breton sans fortune. Dans son enfance, il était le plus malicieux garçon de Bretagne. Sa conduite causait beaucoup de chagrin à ses parents. Mais le méchant garçon grandit et tous ses défauts se changèrent en qualités : il devint le plus brave chevalier du royaume. Le roi Charles V comprit que, aidé de ***Du Guesclin***, il chasserait de France les Anglais. Il offrit donc au Breton l'épée de ***Connétable***, c'est-à-dire qu'il le nomma commandant en chef de tous les hommes d'armes.

51. **La tactique de Du Guesclin.** — Du Guesclin était trop prudent pour livrer de grandes batailles comme celles de Crécy et de Poitiers. Il se contenta de *harceler les Anglais*, c'est-à-dire de leur livrer un grand nombre de petits combats.

Bref, le connétable opéra si bien que, grâce à cette guerre d'escarmouches, il fit comme dans la fable de La Fontaine, où le moucheron terrasse le lion, il terrassa les Anglais; et, à l'exception de cinq villes, il leur reprit toutes les provinces qu'ils possédaient en France!

52. **Mort de Du Guesclin et de Charles V, 1380.** — *Du Guesclin*, ce bon serviteur de la France, *mourut en guerrier*, en faisant le siège d'une forteresse anglaise, à Châteauneuf-de Randon (dép. actuel de la Lozère). Charles V fit ensevelir son fidèle connétable à *Saint-Denis*, près du caveau où lui-même devait reposer après sa mort. D'ailleurs Charles V ne tarda pas à suivre son ami : il décéda la même année, en 1380.

RÉSUMÉ-QUESTIONNAIRE DE LA 2e LEÇON

1° — ***Quelle était la situation des Anglais en France à l'avènement de Charles V?*** — A l'avènement de Charles V, en 1364, la moitié de la France appartenait aux Anglais. Mais Charles V, prudent et habile, voulait que *la France fût aux Français*; il se jura, à lui-même, de chasser les Anglais : il y réussit.

2° — ***A qui Charles V confia-t-il le commandement de ses armées?*** — Charles V choisit pour commander ses armées le brave et malin chevalier **Bertrand Du Guesclin**, qu'il nomma **connétable** de France.

3° — ***Quelle tactique employa Du Guesclin pour battre les Anglais?*** — Du Guesclin ne livra pas de grandes batailles; mais il harcela l'ennemi; il le fatigua et lui reprit, une à une, les villes françaises. Quand Du Guesclin mourut, en 1380, les Anglais n'avaient plus que cinq villes en France.

LECTURE — **Le terrible enfant deviendra grand homme!**

C'était un terrible enfant que le petit Bertrand Du Guesclin.

Querelleur, batailleur, malicieux, il rassemblait les enfants du voisinage pour les faire se battre; il ne rentrait chez lui que le visage en sang et les habits en loques! Et avec cela si laid, de taille si épaisse et si commune, que ses parents se désolaient d'avoir un tel fils. « Bertrand sera la honte de la famille! » disait son père, gentilhomme breton. Aussi son père, sa mère, ses frères, ne l'aimaient guère.

DU GUESCLIN ENFANT
Son plus grand plaisir était de jouer à la petite guerre avec les jeunes paysans du voisinage.

Cependant, une vieille dame qui avait bien examiné l'enfant, sans qu'il s'en fût douté, prédit aux parents que le jeune Bertrand serait « la plus précieuse perle de leur écrin »; cela voulait dire que le terrible enfant deviendrait un grand homme, dont on parlerait partout : dans les palais des rois, dans les chaumières des pauvres.

Cette prédiction se réalisa de tout point.

Bertrand Du Guesclin, l'ami de Charles V, reçut des mains du roi l'épée de connétable et débarrassa la France des Anglais qui l'envahissaient. Son nom est un des plus populaires de l'histoire.

EXERCICES

1° Devoir écrit. — D'après le dessin décrivez Du Guesclin enfant. Intitulez votre rédaction : *Portrait du jeune Du Guesclin.*

2° Exercice d'élocution. — Répétez de mémoire les paroles du père de Bertrand et la prédiction de la vieille dame : dites qui des deux eut raison.

JEANNE D'ARC!

JEANNE D'ARC
La fille au grand cœur!

53. **La France livrée aux Anglais!** — Le successeur de Charles V fut Charles VI, encore enfant. Ses oncles, qui étaient égoïstes et méchants, prirent le pouvoir et gouvernèrent très mal. A peine majeur, Charles VI devint fou. Ses méchants oncles se disputèrent de nouveau le pouvoir. Il en résulta une guerre civile atroce que l'Histoire appelle du nom de ses chefs : guerre des ***Armagnacs*** et des ***Bourguignons***.

Les Anglais profitèrent des malheurs de notre pays pour battre les Français à ***Azincourt***, en 1415. Alors, *Isabeau de Bavière*, l'épouse du pauvre fou, commit une infamie. Elle conclut le ***traité de Troyes***, qui livrait la France aux Anglais.

54. **La mission de Jeanne.** — Au moment où la France allait périr, parut *Jeanne d'Arc*. Dès son enfance, Jeanne, qui gardait les troupeaux de son père à *Domremy*, en Lorraine, avait pleuré en pensant aux malheurs de la France, et cru entendre de mystérieuses voix qui lui disaient : « *Jeanne, tu sauveras la France!* Tu rendras à ton roi le royaume que le *traité de Troyes* lui a ravi : tu chasseras les Anglais. »

55. **Orléans! Reims!** — Jeanne alla trouver le roi et lui répéta ce que disaient les mystérieuses voix. Alors, Charles VII lui donna une petite armée et Jeanne marcha sur ***Orléans***, d'où elle chassa les Anglais, en ***1429***.

Après sa victoire d'Orléans, elle mena Charles VII à ***Reims***, où il fut sacré roi. Ainsi, les Anglais étaient vaincus et Charles VII prenait possession de son royaume.

56. **Vendue aux Anglais!** — Après Orléans et Reims, Jeanne aurait été bien contente de s'en retourner chez ses parents. Mais Charles VII l'envoya à ***Compiègne***, à quelques lieues de Paris, pour combattre le duc de Bourgogne, allié des Anglais. Hélas! le jour même de son arrivée à Compiègne, Jeanne fut faite prisonnière et vendue aux Anglais....

GUERRE DE CENT ANS

RÉSUMÉ-QUESTIONNAIRE DE LA 3e LEÇON

1° — **Que devint la France après la mort de Charles V?** — Charles VI, enfant, lui succéda. Ses deux oncles, seigneurs bien méchants, prirent le pouvoir et gouvernèrent très mal. Le roi, devenu majeur, tomba fou. Les méchants oncles se disputèrent de nouveau le pouvoir : il en résulta une guerre civile atroce, appelée « *guerre des Armagnacs et des Bourguignons* ».

2° — **Les Anglais ne profitèrent-ils pas de nos malheurs?** — Le roi d'Angleterre profita de nos malheurs pour nous battre à **Azincourt**, en 1415; et Isabeau de Bavière conclut le honteux **traité de Troyes** qui donnait la France aux Anglais. Mais il ne faut jamais désespérer!

3° — **Quelle est l'héroïne qui sauva la France?** — Jeanne d'Arc, sous le règne de Charles VII, sauva la France. Elle délivra **Orléans**; elle fit sacrer Charles VII à **Reims**. Mais, faite prisonnière à **Compiègne**, Jeanne fut vendue aux Anglais.

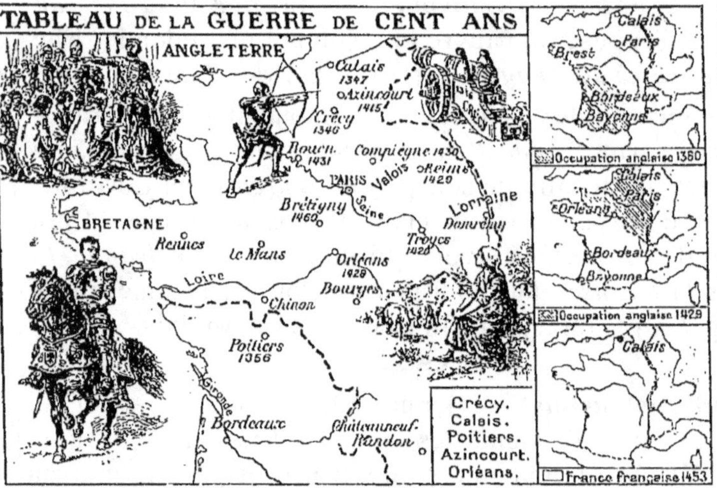

LECTURE — Jeanne d'Arc à Reims.

La cathédrale de Reims resplendissait de lumière et d'or. Les prêtres s'étaient parés de leurs plus beaux ornements, richement brodés, où ruisselaient les pierres précieuses. Et les rayons du soleil, qui traversaient les vitraux peints de l'église, donnaient des reflets d'arc-en-ciel aux milliers d'étendards flottants. La cérémonie du sacre de Charles VII fut merveilleuse. Jeanne, des larmes de bonheur plein les yeux, se tenait fièrement au pied de l'autel, son étendard blanc dressé : « Il avait été à la peine, disait-elle, c'était bien raison qu'il fût à l'honneur! »

RÉDACTION ORALE D'APRÈS L'IMAGE

1° Dites ce que vous rappelle chacun des dessins placés sur la carte. — 2° Montrez, sur la carte, Crécy, Calais, Poitiers, Azincourt, Troyes, Orléans, et dites ce que vous rappellent ces six noms.

4e LEÇON *1430-1461*

JEANNE D'ARC (Fin)

CHARLES VII
Le roi très ingrat.

57. **Jeanne d'Arc à Rouen.**— Jeanne d'Arc, ayant été vendue aux Anglais, fut conduite à ***Rouen*** et accusée de sorcellerie, c'est-à-dire d'être l'alliée du diable. Les Anglais payèrent de mauvais juges pour qu'ils la déclarassent coupable. Or, bien qu'innocente et « toute bonne », *Jeanne fut condamnée à être brûlée vive*, sans que l'ingrat et paresseux Charles VII, qui lui devait pourtant son royaume, essayât de la sauver!

58. **Supplice et mort de Jeanne d'Arc, en 1431.** — Un bûcher fut dressé sur la place du Vieux-Marché, à Rouen; on y fit monter l'infortunée jeune fille; on la lia à un poteau et le bourreau mit le feu au bûcher. Bientôt elle fut entourée de flammes; elle expira pieusement, sans une parole de haine pour ses persécuteurs, sans un reproche pour le roi de France qui l'abandonnait lâchement. La foule, en face du bûcher, sanglotait. Un Anglais s'enfuit épouvanté, en criant : « Nous sommes perdus! Nous avons brûlé une sainte! »

La Libératrice de la France!

59. **Glorification de Jeanne d'Arc.** — Jeanne d'Arc, c'est la martyre du patriotisme! C'est la plus touchante héroïne qui ait jamais paru sur terre. Aucun peuple n'a, dans son histoire, une Jeanne d'Arc. Aujourd'hui, les Français, émus par les grandes actions de la douce fille de Lorraine, la glorifient, lui élèvent des statues.

60. **Charles VII.** — *Les Anglais* expièrent la mort de Jeanne d'Arc; ils *furent tous chassés de France*, excepté de Calais; ce fut la fin de la guerre de Cent Ans. Charles VII, ayant reconquis son royaume, changea de conduite; il fut moins paresseux et travailla pour rendre la France forte, riche, donc puissante. Il régna de 1426 à 1461.

RÉSUMÉ-QUESTIONNAIRE DE LA 4e LEÇON

1° — *Que devint Jeanne d'Arc, prisonnière des Anglais?* — Les Anglais firent condamner Jeanne d'Arc au supplice du feu : elle fut *brûlée vive à Rouen*, en 1431. Jeanne expira saintement, comme elle avait vécu, en pardonnant à ses bourreaux.

2° — *Qu'advint-il des Anglais après la mort de Jeanne d'Arc?* — Après la mort de Jeanne d'Arc, le roi Charles VII, qui avait eu la lâcheté de laisser martyriser la pure héroïne à laquelle il devait son royaume, s'occupa enfin de gouverner ses États; il acheva de chasser les Anglais, qui ne conservèrent que Calais, et il *termina la guerre de Cent Ans.*

LECTURE — La patronne de la France.

En grandissant, petit enfant, tu apprendras à connaître mieux, et tu admireras cet être de bonté, de dévouement, qui montra au monde que l'on doit savoir, s'il le faut, souffrir, se dévouer et mourir pour la patrie!

Et ton cœur se soulèvera d'indignation contre les mauvais juges qui condamnèrent injustement Jeanne d'Arc, et contre le roi qui lâchement l'abandonna!

Et tu aimeras de toute ton âme, mon enfant, la martyre de la Patrie, la patronne de la France... Jeanne d'Arc!

EXERCICE D'ÉLOCUTION ET D'OBSERVATION

Racontez d'après le dessin, mais sans trop de détails: 1° Jeanne à *Domrémy*. 2° Jeanne à *Orléans*. 3° Jeanne à *Reims*. 4° Jeanne à *Compiègne*. 5° Jeanne d'Arc à *Rouen*.

5e LEÇON *1461-1483*

LOUIS XI

LOUIS XI
L'ennemi des grands seigneurs.

61. **Louis XI, 1461-1483.** — Louis XI, qui succéda à son père Charles VII, ne ressemblait pas aux autres rois, qui avaient vécu magnifiquement. Il n'avait, lui, que des habits très simples. Ses conseillers, *Tristan l'Ermite* et *Olivier le Daim*, n'étaient pas de nobles chevaliers, mais des bourgeois. Enfin, Louis XI n'avait pas du tout l'air majestueux d'un grand monarque.

62. **Louis XI lutte contre Charles le Téméraire.** — Pendant tout son règne, Louis XI fit la guerre aux seigneurs qui étaient les ennemis du roi et qui n'étaient pas, non plus, les amis de la France. Le plus grand, le plus terrible des seigneurs, était *Charles le Téméraire*, duc de Bourgogne ; il faisait partie d'une ligue (ou complot) appelée ironiquement « *Ligue du Bien public* » que les nobles du royaume, alliés aux étrangers, avaient formée contre le roi.

63. **Le traité de Péronne.** — Louis XI essaya de détacher de la *Ligue* Charles le Téméraire. Dans cette intention, il alla lui faire visite au château de *Péronne*. Mais Charles le Téméraire fit emprisonner Louis XI. Cela prouve que le roi n'était pas encore ***maître souverain*** dans son royaume, puisqu'un de ses ducs osait l'emprisonner. Pour reprendre sa liberté, Louis XI signa le *traité de Péronne*. Une fois libre, le roi ne voulut pas exécuter un traité qui ruinait la royauté.

64. **Jeanne Hachette.** — Alors *Charles le Téméraire*, furieux de voir Louis XI manquer à ses promesses, alla attaquer *Beauvais* ; mais une jeune fille, ***Jeanne Hachette***, excita les habitants contre le duc, qui fut obligé de se retirer. Il mourut à Nancy, en 1477. Immédiatement Louis XI s'empara de la *Bourgogne*.

Six années plus tard, en 1483, Louis XI mourut au château de Plessis-lez-Tours ; il avait atteint son but, car, ayant détruit le pouvoir des seigneurs, il était devenu un roi puissant.

RÉSUMÉ-QUESTIONNAIRE DE LA 5e LEÇON

1° — *Pourquoi Louis XI fit-il la guerre aux seigneurs?* — Louis XI fit la guerre aux *seigneurs* pour les forcer à reconnaître l'autorité du roi et surtout pour leur reprendre les provinces de France qu'ils avaient habilement accaparées.

2° — *Quel fut le plus redoutable ennemi de Louis XI?* — Le plus redoutable ennemi de Louis XI fut *Charles le Téméraire*, **duc de Bourgogne**; mais Louis XI, d'abord emprisonné à *Péronne*, triompha. Son ennemi fut vaincu au siège de *Beauvais*, où s'illustra **Jeanne Hachette**, et finalement, Louis XI réunit la Bourgogne au royaume.

LECTURE — **Un roi qui ne ressemble pas aux autres rois.**

Louis XI n'avait pas un joli visage, au contraire, il était laid; mais ses yeux, pleins d'animation, prouvaient une grande intelligence. Sa taille était petite et ses membres trop maigres.

CHARLES LE TÉMÉRAIRE IMPOSE A LOUIS XI LE TRAITÉ DE PÉRONNE

Il ne portait point de riches vêtements : il allait vêtu d'un manteau court, d'une cape de drap gris. Son vilain chapeau était en feutre; il avait mis tout autour des images de saints et de saintes devant lesquelles il faisait ses prières.

Louis XI ne prit jamais ses ministres parmi les seigneurs de son royaume.

Ses amis, conseillers et ministres, s'appelaient : Tristan l'Ermite, Olivier le Daim, Jacques Coictier et non pas le seigneur de ceci, le sire de cela.

Louis XI n'est pas un roi qu'on peut aimer, — car souvent il se montra cruel dans les châtiments qu'il infligeait aux seigneurs. Mais c'est un roi qu'il faut admirer : ce fut un très grand roi. Il a fait de la France une nation puissante.

Au domaine royal, il ajouta de magnifiques provinces. La Bourgogne qui donne des vins exquis — La Picardie, où se fait de bon cidre. — La Provence, où poussent les oliviers. — Le Maine, où s'élèvent les fins poulets du Mans. — L'Anjou où se cultivent les belles roses et les vignes de Saumur....

EXERCICE D'ÉLOCUTION

1° Faites le portrait de Louis XI : était-il beau ou laid? — 2° Portait-il de riches vêtements? Son chapeau? — 3° Dites aussi pourquoi on admire, sans l'aimer, le roi Louis XI. De qui fut-il l'ennemi? — 4° Enumérez les provinces qu'il a ajoutées au domaine royal.

6e LEÇON AU XIVe ET AU XVe SIÈCLE

GRANDES INVENTIONS ET DÉCOUVERTES

65. **Le 14e et le 15e siècle.** — Ces deux siècles sont très importants dans l'histoire du Monde; ils sont marqués par deux grandes inventions : 1° les *armes à feu*, 2° l'*imprimerie*; et par la découverte d'un grand continent : l'*Amérique*.

Les bombardes de Crécy. Gare! les lourdes cuirasses et les châteaux forts.

66. **Les armes à feu.** — Ce fut à la bataille de *Crécy*, en 1346, que, pour la première fois, on fit usage des ***bombardes***, ou armes à feu, qui lançaient les boulets très loin et avec une grande force. Avant cette invention, on se battait en se lançant des flèches et en se donnant des coups de piques. Pour se protéger des flèches et des piques, les seigneurs se construisaient des châteaux forts et se couvraient le corps de lourdes cuirasses. L'invention des armes à feu rendit peu à peu tout cela inutile.

JEAN GUTENBERG L'inventeur de l'imprimerie.

67. **L'Imprimerie.** — La plus grande invention du XVe siècle fut l'imprimerie. Les anciens n'avaient que des livres copiés à la main, ou *manuscrits*, qui coûtaient très cher.

Au XVe siècle, ***Gutenberg*** inventa les lettres mobiles en métal. Ces lettres, on les assemble à volonté pour former des livres que l'on vend à bon marché; cela permet à tout le monde de s'instruire.

68. **Découverte de l'Amérique.** — Au XIIIe siècle, un Italien, Flavio Giojo, construisit une ***boussole***. (La petite aiguille d'une boussole tourne toujours sa pointe vers le *nord*.) Muni de cet appareil, les marins purent *s'orienter* à toute heure, c'est-à-dire reconnaître les quatre points cardinaux et entreprendre de longs voyages; jusqu'alors, ils n'avaient guère osé perdre de vue les terres. En ***1492***, ***Christophe Colomb***, né en Italie, à Gênes, traversa l'Atlantique; il découvrit le *Nouveau Monde* que l'on appelle maintenant ***Amérique***.

LA ROYAUTÉ TRIOMPHE DE LA NOBLESSE

RÉSUMÉ-QUESTIONNAIRE DE LA 6ᵉ LEÇON

1° — *Dites ce que l'invention des armes à feu et l'invention de l'imprimerie ont fait supprimer.* — L'invention des *armes à feu*, rendant inutiles les châteaux forts et les lourdes armures des seigneurs, les a fait supprimer. L'*imprimerie*, rendant inutiles les longues et très coûteuses copies que faisaient surtout les moines, a fait supprimer l'usage des manuscrits.

2° — *Qui a découvert l'Amérique et comment cette découverte a-t-elle été rendue possible?* — *Christophe Colomb* a découvert l'Amérique en 1492 : cette découverte a été rendue possible par la *boussole*, qui permet aux marins de s'orienter à toute heure, par tous les temps et, par conséquent, de se diriger au loin sur les mers.

LECTURE — Découverte de l'Amérique.

Aujourd'hui, vous savez tous que la terre est ronde comme une orange, et vous ne vous doutez pas que, sur cette question, vous êtes plus savants que les savants de l'ancien temps. Ils pensaient que la terre était une immense bande, terminée par des gouffres effroyables. Aussi, lorsque Christophe Colomb, l'un des plus grands hommes qui aient paru dans le monde, disait : « Donnez-moi des bateaux et des marins, j'irai jusqu'à l'extrémité de l'Atlantique et par cette route, je parviendrai aux Indes! » lorsqu'il disait cela, on se moquait de lui.

TERRE! TERRE!
Christophe Colomb et ses marins abordent au rivage du Nouveau Monde.

« — Son idée est absurde! A l'extrémité de l'Atlantique, l'Inde qui est juste à l'opposé? Quelle folie!... disait-on, en riant de lui. Ignore-t-il que l'Océan se termine par un gouffre? »

Mais Colomb, certain que la terre est ronde, laissait dire les moqueurs et n'abandonnait pas son idée.

Après bien des démarches et des prières, il obtint de la reine d'Espagne, Isabelle la Catholique, trois navires. Alors, plein de force et de foi, il s'élança sur l'Océan. Durant cette traversée très longue, il eut beaucoup à souffrir : les marins, découragés, se révoltaient.

Enfin, le Nouveau Monde apparut! Colomb et son équipage en abordant à terre se prosternaient, baisaient le rivage, les yeux pleins de larmes de bonheur.

Christophe Colomb refit quatre fois le voyage du Nouveau Monde.

L'Espagne, à laquelle il avait donné un empire, fut ingrate. Elle laissa le grand homme mourir dans la misère, et ce fut le voyageur *Amérigo* qui, lui donnant son propre nom, appela le continent de Colomb : *Amérique*.

EXERCICE D'ÉLOCUTION

Racontez : 1° Pourquoi l'on trouvait absurde l'idée de Colomb. — 2° Comment se fit la découverte du Nouveau Monde?

RÉCAPITULATION PAR L'IMAGE

Que faisait Jeanne d'Arc quand elle était petite fille ?- Que fit-elle à Orléans?_ Et à Reims ?- Racontez le malheur qui lui arriva à Compiègne? Comment et où mourut-elle ?-Aimez-vous bien Jeanne d'Arc ?_Pourquoi?

RÉCAPITULATION PAR L'IMAGE

QUATRIÈME  PÉRIODE

DE CHARLES VIII A HENRI IV

Guerres d'Italie. — Guerres de Religion.

1re LEÇON *1483-1515*

LES GUERRES D'ITALIE

69. **Charles VIII, 1483-1498.** — Charles VIII n'avait que 13 ans, à la mort de son père Louis XI ; il régna d'abord sous la tutelle de sa sœur, *Anne de Beaujeu.* Plus tard, quand il fut majeur, il commença les ***guerres d'Italie***, parce qu'il voulait s'emparer du royaume de *Naples*. Il le prit, mais le perdit aussitôt, malgré la brillante victoire de ***Fornoue***, en 1495.

70. **Louis XII, 1498-1515.** — Louis XII, cousin de Charles VIII, mort sans enfant, lui succéda. Il fit aussi des expéditions en Italie qui furent marquées par les exploits de ***Bayard*** à ***Agnadel***, en 1509, et par ceux de *Gaston de Foix*, neveu du roi, à ***Ravenne***, en 1512, où il fut tué.

71. **François Ier, 1515-1547.** — François Ier, cousin de Louis XII, qui lui aussi mourut sans enfant, continua la guerre en Italie. Ce *roi des gentilshommes* monta sur le trône en 1515, et tout de suite, à la tête de son armée, il franchit les *Alpes* au col de l'Argentière et entra soudain en Italie.

72. **Bataille de Marignan, 1515.** — François Ier, aidé de ***Bayard***, gagna sur les Suisses, payés par le duc de Milan, la grande bataille de ***Marignan,*** en 1515. Cette victoire valut à François Ier le duché de *Milan* et *termina les guerres d'Italie.*

Les guerres d'Italie étant terminées, François Ier entreprit une lutte très longue contre le plus puissant de tous les souverains d'Europe, ***Charles-Quint.***

GUERRES D'ITALIE

RÉSUMÉ-QUESTIONNAIRE DE LA 1re LEÇON

1° — *Quels rois firent les guerres d'Italie?* — Les rois qui firent les guerres d'Italie sont : *Charles VIII*, qui vainquit les Italiens à **Fornoue**, en 1495; *Louis XII*, qui les vainquit à **Agnadel** et à **Ravenne**, 1512; et *François Ier*, qui par sa victoire à **Marignan**, en 1515, les termina.

2° — *Quel est le chef le plus populaire des héros de ces guerres?* — *Bayard* est le plus populaire des héros des guerres d'Italie; il servit sous Charles VIII, sous Louis XII et sous François Ier. Il mérita le titre glorieux de « Chevalier sans peur et sans reproche ».

LECTURE — Le roi chevalier.

A Marignan, en l'année 1515, une bataille terrible qui dura deux jours se livra contre l'armée du duc de Milan; cette armée était composée de Suisses qui s'étaient loués pour faire la guerre, comme par exemple, de nos jours, les Belges se louent pour faire la moisson.

Parmi les chevaliers de François Ier, il s'en trouvait un, très brave, et si loyal qu'on ne pouvait l'être davantage. C'était Bayard, « Chevalier sans peur et sans reproche ».

Sur le champ de bataille, Bayard avait le courage du lion. Hors du champ de bataille, il avait la douceur de l'agneau. Et François Ier dit qu'il tiendrait à honneur que le preux Bayard voulût bien l'armer chevalier. Alors le somptueux, très grand et très puissant roi de France retira son casque et s'agenouilla devant Bayard.

FRANÇOIS Ier FAIT CHEVALIER PAR BAYARD, SUR LE CHAMP DE BATAILLE DE MARIGNAN

Bayard toucha le roi du plat de son épée et prononça la formule qui le consacrait « chevalier ».

Ensuite, Bayard baisa son épée et s'écria : « Certes, ma bonne épée, vous serez dès ce jour gardée comme relique, pour avoir aujourd'hui donné l'ordre de chevalerie à si grand roi! »

EXERCICE A ÉCRIRE DE MÉMOIRE

COPIEZ LES QUESTIONS ET ÉCRIVEZ-EN LES RÉPONSES SANS L'AIDE DU LIVRE.

1° Où se trouve Marignan et quelle est la chaîne de montagnes qui sépare la France de l'Italie? — 2° Comment s'appelle le vainqueur de la bataille de Marignan? Contre qui et pourquoi livra-t-il cette bataille? — 3° Par qui et où François Ier fut-il armé chevalier?

MODÈLE DU DEVOIR. — 1° *Où se trouve Marignan? Marignan se trouve en Italie.*

2e LEÇON *1515-1559*

FRANÇOIS Ier. — LA RENAISSANCE

FRANÇOIS Ier
L'ami des écrivains et des artistes.

Le rival de François Ier.

73-74. **François Ier, 1515-1547 ; Charles-Quint.** — La lutte que François Ier entreprit contre *Charles-Quint*, pour l'empêcher de s'emparer de la France, fut glorieuse, mais non pas toujours heureuse. 1° Il essaya, *en vain*, dans l'entrevue du ***Camp du drap d'or***, d'avoir comme allié le roi d'Angleterre; 2° il fut trahi par le chef de l'armée royale : l'orgueilleux *connétable de Bourbon*; 3° son fidèle *Bayard* fut tué près de Milan, à Biagrasso; 4° ayant voulu combattre lui-même le traître Bourbon, il fut vaincu à ***Pavie***, en 1525, et fait prisonnier. Charles-Quint l'envoya captif à Madrid et ne lui rendit sa liberté que contre une forte rançon.

75. **La Renaissance.** — François Ier mérita d'être surnommé le "Père des Lettres et des Arts" parce qu'il fut le grand ami des écrivains et des artistes. ***Gutenberg*** ayant inventé l'imprimerie, François Ier fonda l'*Imprimerie Royale*, où l'on imprima de très beaux livres; puis il institua le Collège de France, où l'on expliqua les manuscrits des Anciens.

Cette époque qui vit *renaître* la littérature et les arts de l'antiquité se nomme : ***la Renaissance***. Les *grands écrivains* de la Renaissance furent : Rabelais, Calvin, Montaigne, Marot et Ronsard. Les *grands artistes* de la Renaissance, peintres, sculpteurs, architectes, se nomment : Léonard de Vinci, Jean Goujon, Philibert Delorme.

76. **Henri II, 1547-1559.** — A François Ier succéda son fils, Henri II. Sous le règne de Henri II, Charles-Quint vint faire le siège de ***Metz***; mais le duc de Lorraine, ***François de Guise***, força l'empereur à se retirer. Ce fut aussi lui qui, en 1558, reprit aux Anglais la ville de *Calais*.

Henri II, en luttant dans un tournoi, fut mortellement blessé; il mourut en 1559.

RIVALITÉ DE FRANÇOIS Ier ET DE CHARLES-Q

RÉSUMÉ-QUESTIONNAIRE DE LA 2e LEÇON

1° — *Racontez la lutte entre François Ier et Charle*

François Ier, craignant que le trop puissant empereur s'en. ...a France, lutta durant tout son règne contre *Charles-Quint.*

François Ier, vaincu à *Pavie*, en 1525, fut fait prisonnier. Rendu à la liberté, il continua la lutte jusqu'à sa mort, empêchant Charles-Quint de s'emparer d'une seule de nos provinces.

2° — *Sous Henri II, la lutte continua-t-elle contre Charles-Quint?* — Oui, sous *Henri II*, la lutte contre Charles-Quint continua. Charles-Quint vint faire le siège de **Metz**; mais *François de Guise* le força à se retirer. Sous Henri II, la ville de Calais fut reprise aux Anglais.

LECTURE — La mort du brave chevalier Bayard.

Dans une bataille livrée en Italie, à Biagrasso, le Chevalier sans peur et sans reproche, le brave Bayard, a reçu une blessure mortelle.

Ses soldats, en larmes, le portent expirant au pied d'un arbre.

Non loin de Biagrasso, se trouve le connétable de Bourbon, méprisable traître qui combat contre sa patrie. Il apprend que Bayard se meurt. Il accourt, bride abattue, pour donner le dernier adieu à son ancien compagnon d'armes.

Bayard aperçoit Bourbon devant lui; il ne peut dissimuler son mépris et détourne les yeux.

Cependant, le traître lui dit : « J'ai grand'pitié, chevalier Bayard, de vous voir en si triste état! »

Alors, Bayard trouve dans son indignation la force de faire cette fière réponse :

« N'ayez pitié de moi : je meurs en homme d'honneur! Ayez pitié de vous, sire de Bourbon, qui trahissez votre patrie, votre roi, votre serment! »

MORT DE BAYARD

« N'ayez pitié de moi : je meurs en homme d'honneur!... »

Le connétable de Bourbon, tout honteux, s'éloigna sans oser répondre un mot à l'honnête Bayard.

EXERCICE ORAL ET DEVOIR ÉCRIT

1° Dites pourquoi François Ier a été appelé « Père des Lettres et des Arts ». Nommez les grands écrivains de la Renaissance et les grands artistes.

2° Écrivez ce que vous voyez sur la gravure ci-dessus, et copiez les paroles des deux principaux personnages.

MODÈLE DU DEVOIR. — *Sur le dessin, je vois ... étendu; il va mourir. Un page le ...; un moine .... En face de lui se tient debout le .... Il dit à Bayard : « ... ». Bayard lui répond : « ... ».*

1559-1589

LA RÉFORME EN FRANCE

Les prédicateurs de la Réforme.

77. **Origine des guerres de religion.** — Au XVIe siècle, *Luther* et *Calvin* voulurent obtenir la ***Réforme*** de la religion chrétienne, c'est-à-dire détruire certains abus, et ils *protestèrent* énergiquement contre ces abus. Les partisans de la *Religion réformée* furent nommés ***protestants.***

Les *catholiques* persécutèrent les protestants; les *protestants* se vengèrent de leurs persécuteurs, les catholiques : ainsi l'Europe se trouva divisée en deux camps ennemis.

Malheureusement, à cette époque les peuples n'étaient pas encore assez instruits pour comprendre cette belle vertu, « ***la Tolérance*** », qui respecte toutes les croyances religieuses.

78. **Michel de l'Hôpital.** — Le grand apôtre de la *Tolérance* fut Michel de l'Hôpital. Il disait : « Il ne faut pas tourmenter l'homme pour le forcer à penser de telle ou telle façon : le poignard ne vaut rien contre la pensée. » Combien il est regrettable que d'aussi sages conseils n'aient pas été écoutés !

79. **Guerres de religion.** — Les guerres de religion se firent sous le règne des trois fils de Henri II et de Catherine de Médicis.

Les trois fils de Henri II et de Catherine de Médicis.

80. **Les Fils de Henri II, 1559-1589.** — *François II* avait épousé *Marie Stuart*, nièce des ducs de Guise. Les ducs de ***Guise***, que ce mariage rendait très puissants, se firent les chefs du parti *catholique*.

Charles IX fut le méchant roi qui permit l'*affreux massacre* des protestants, dans la nuit de la ***Saint-Barthélemy***, en 1572.

Sous Henri III, un de nos plus mauvais rois, qui n'aimait qu'à se parer et à s'amuser, Paris fut toujours en révolution. Pourquoi? — Parce que ***Henri de Guise*** voulait pour lui la couronne de Henri III. Le moine Jacques Clément poignarda Henri III, afin de venger Henri de Guise que le roi avait fait assassiner.

LES GUERRES DE RELIGION

RÉSUMÉ-QUESTIONNAIRE DE LA 3ᵉ LEÇON

1° — *En quel siècle, et par qui, le protestantisme a-t-il été introduit en Europe?* — Le protestantisme fut introduit en Europe au **seizième siècle**. Ce fut *Luther* et *Calvin* qui prêchèrent la Réforme.

2° — *Sous quels rois se firent les guerres de religion? Dites l'origine de ces guerres?* — Les guerres de religion se firent sous *François II*, sous *Charles IX* et sous *Henri III*. Les guerres de religion furent le résultat des persécutions que les catholiques firent subir aux protestants, et du sentiment de vengeance qui s'empara des protestants.

LECTURE — Le massacre de la Saint-Barthélemy.

La mère de François II, de Charles IX et de Henri III, Catherine de Médicis, ambitieuse et méchante, excitait la haine entre les catholiques et les protestants.

Un jour, elle alla trouver son fils Charles IX et lui fit croire que les protestants étaient les ennemis de la royauté et qu'ils organisaient de vilains complots contre lui. Charles IX, très faible de caractère, crut que vraiment il était trahi par son grand ami, l'amiral de Coligny, chef des protestants, et que les protestants voulaient le détrôner. Il eut peur. Alors, dans un moment de délire, il s'écria :

« Qu'on tue les protestants!... Qu'on les tue tous! tous! »

LA SAINT-BARTHÉLEMY
24 août 1572.

« Il est deux heures après minuit. — Le tocsin de toutes les églises de Paris sonne.., la tuerie va commencer!

Henri de Guise, chef des catholiques, suivi de ses acolytes, se précipite vers l'hôtel de l'amiral de Coligny, chef des protestants. »

Immédiatement Catherine de Médicis fit exécuter les ordres de son fils. Et, dans la nuit de la *Saint-Barthélemy*, presque tous les protestants présents à Paris furent tués. Le noble amiral de Coligny fut une des premières victimes.

Oh! l'horrible massacre!

Charles IX regretta de tout son cœur la tuerie qu'il avait ordonnée. Il eut de si cruels remords que la vie lui devint intolérable : il mourut peu de temps après en criant : « Pardon! Pardon! »

DEVOIR ÉCRIT

COPIEZ LES PHRASES SUIVANTES EN LES COMPLÉTANT COMME IL CONVIENT.

1° *La Réforme* fut prêchée par ...; et leurs disciples furent les.... — 2° Catherine de Médicis et son mari Henri II eurent trois fils qui sont .... — 3° Ce fut sous les règnes : 1° de ... ; 2° de ... ; 3° de ... que se firent les guerres de religion. — 4° Sous le règne de Charles IX, il y eut l'affreux massacre de ....

MODÈLE DU DEVOIR. — 1° *La Réforme fut prêchée par Luther et par Calvin; et leurs disciples furent les protestants.*

LE BON ROI HENRI IV

HENRI IV
Le grand et bon roi.

81. **Henri IV, 1589-1610.** — Henri III étant mort sans enfant, ce fut *Henri IV*, son plus proche parent, qui lui succéda.

La mère de Henri IV était *Jeanne d'Albret*, reine de Navarre; son père s'appelait *Antoine de Bourbon*. Henri IV, surnommé le Béarnais, parce qu'il était né à Pau, dans la province du Béarn, avait été élevé dans la *religion protestante*. Les catholiques, bien plus nombreux que les protestants, refusèrent de se laisser gouverner par un roi protestant.

82. **Henri IV conquiert son royaume.** — Henri IV fut donc obligé de faire la guerre aux Français pour conquérir son royaume; mais en plein combat, il disait aux chefs d'armée : « Quartier aux Français! » ce qui signifiait : ne leur faites pas de mal. Au moment de livrer bataille, il s'écriait : « Mes compagnons d'armes, si vous perdez vos enseignes, ralliez-vous à mon panache blanc, vous le trouverez toujours sur le chemin de l'honneur! »

Il remporta, en 1590, sur le chef des catholiques, qui était le *duc de Mayenne* (frère du duc de Guise), la victoire d'***Arques*** et la victoire d'***Ivry***, en Normandie.

83. **Le siège de Paris.** — Les Parisiens, mal conseillés, avaient fermé leurs portes au roi protestant; mais Henri IV, vainqueur à Arques et à Ivry, fit le *siège de Paris*. Et les Parisiens souffrirent horriblement de la faim. Alors le bon roi Henri laissa passer des convois de vivres pour que les assiégés pussent s'alimenter.

84. **Henri IV se fait catholique, 1593.** — *Henri IV*, voulant à tout prix rétablir la paix dans son royaume, *se fit catholique*, 1593, et Paris le reçut triomphalement. Puis, afin de *terminer tout à fait les guerres de religion*, Henri IV signa l'***Édit de Nantes***, en ***1598***. Par cet édit, les protestants devenaient libres de pratiquer leur religion sans être inquiétés.

RÉSUMÉ-QUESTIONNAIRE DE LA 4e LEÇON

1° — ***Comment le protestant Henri IV eut-il son royaume?*** — Henri IV conquit son royaume par les victoires d'**Arques** et d'**Ivry**, en 1590, et, surtout, en se faisant **catholique**, en 1593. Tous les Français le reconnurent alors pour roi. Paris le reçut triomphalement.

2° — ***Comment Henri IV mit-il fin aux guerres de religion?*** — Henri IV mit fin aux guerres de religion en signant à Nantes, en **1598**, un acte appelé **Édit de Nantes**, par lequel les *protestants* obtenaient la liberté de pratiquer leur religion comme ils l'entendaient.

LECTURE — « **Je suis leur père et leur roi!** »

Les Français, qui ne voulaient pas d'un roi protestant, refusaient de se soumettre à Henri IV. Le roi, bien à regret, dut livrer des batailles pour conquérir son royaume, mais il criait à ses soldats : « Quartier aux Français! » Les Parisiens surtout faisaient résistance et refusaient opiniâtrément d'ouvrir les portes de la capitale à leur roi.

Alors, Henri IV dut faire le siège de Paris. Les habitants, très excités par des ambitieux, résistèrent : la famine même ne put triompher d'eux. Ils en vinrent à ne plus se nourrir que d'herbes.

Quand Henri IV apprit que les pauvres assiégés souffraient une telle disette, il eut des larmes plein les yeux et s'écria : « J'aimerais mieux n'avoir point Paris que de l'avoir par la ruine et la mort de ses habitants : je suis leur père et leur roi; je veux leur tendre les bras! » Et il laissa sortir tous les malheureux. Un jour, il vit des paysans qui introduisaient dans Paris des charretées de pain. Loin de les punir, il leur offrit de l'argent et leur dit : « Le Béarnais est pauvre; s'il avait plus, il vous le donnerait ».

HENRI IV ASSIÉGEANT PARIS.
« J'aimerais mieux n'avoir point Paris que de l'avoir par la ruine et la mort de ses habitants. »

Enfin, le bon roi Henri comprit que, pour rendre la paix au royaume, il devait adopter la religion du plus grand nombre de ses sujets; il se fit catholique, et Paris le reçut avec des acclamations joyeuses.

EXERCICE D'ÉLOCUTION

Racontez comment le bon roi Henri IV fit le siège de Paris.

5e LEÇON *1598-1610*

HENRI IV ET SULLY

SULLY
Le ministre et l'ami de Henri IV.

85. **Henri IV et Sully.** — Henri IV, n'ayant plus à faire la guerre, travailla de toutes ses forces au bonheur des Français. Il améliora le sort des ouvriers autant que le sort des patrons, en protégeant et multipliant les travaux manuels. Il s'occupa aussi d'adoucir la vie des paysans. Henri IV fut aidé, dans ce noble travail, par ***Sully***, son fidèle ministre et ami.

Sully, s'occupa beaucoup d'économiser l'argent du pays; il donna aussi tous ses soins à l'agriculture; il disait : « *Labourage et pâturage* sont les deux mamelles de la France », c'est-à-dire ce qui rapporte le plus à l'État.

86. **Les vers à soie.** — C'est à Henri IV et à Sully que l'on doit l'élevage en France des *vers à soie*. Cet élevage nécessitait de grandes plantations de mûriers : le roi ordonna qu'on en plantât dans la vallée du Rhône et aux environs de Paris. Avec les cocons des précieux vers à soie, on fabriqua les belles soieries de Paris, de Lyon, recherchées du monde entier. Cette industrie nouvelle augmenta la richesse française.

87. **Projet de Henri IV.** — Les Français étaient heureux sous le bon roi Henri; le peuple, n'ayant plus à supporter les frais de guerre, s'enrichissait. Henri IV, qui était prévoyant, ne voulait pas qu'une nation étrangère devînt assez forte pour imposer, un jour, ses volontés à la France. C'est pourquoi il forma le grand projet d'abaisser la trop puissante famille des souverains d'***Autriche***. Cette famille régnait sur l'*Espagne*, l'*Allemagne*, la *Belgique* et une partie de l'*Italie*.

88. **Mort de Henri IV.** — Mais Henri IV ne put exécuter son grand projet. Un jour, qu'il allait en carrosse faire une visite à Sully, qui était malade, il fut poignardé par un misérable nommé Ravaillac. C'était en l'année ***1610***.

Tous les Français pleurèrent le bon roi Henri. Le peuple garde la mémoire du meilleur de ses rois.

RÉSUMÉ-QUESTIONNAIRE DE LA 5e LEÇON

1° — *Qui fut le ministre de Henri IV et que fit-il?* — Le ministre de Henri IV fut son ami **Sully**; il s'occupa beaucoup d'économiser l'argent du pays et d'améliorer l'agriculture. Sully aida Henri IV à donner à la France la riche *industrie des soies*.

2° — *Quel était le projet de Henri IV? Pourquoi ne l'exécuta-t-il pas?* — Henri IV avait formé le projet d'abaisser la puissante famille des *souverains d'Autriche*. — La mort empêcha Henri IV d'exécuter ce projet. — Il mourut en 1610, assassiné par le misérable Ravaillac.

LECTURE — **La poule au pot du roi Henri.**

Henri IV, le roi si bon, si gai, si malin, si courageux, aimait ses sujets de tout son cœur. Il cherchait par tous les moyens à ce que son peuple fût heureux. Il disait : « Je voudrais que, chaque dimanche, les paysans pussent mettre la poule au pot », ce qui signifiait : je voudrais que les paysans eussent assez d'argent pour faire un bon repas tous les dimanches.

LE ROI ET SON BON MINISTRE SULLY
Ils étudient ensemble les moyens de rendre la France heureuse.

Henri IV fut aidé dans le bien qu'il fit à la France par un grand ministre dont il ne faut pas oublier le nom. Ce grand ministre s'appelait ***Sully***.

Hélas! le bon roi qui faisait le bonheur de son peuple fut la victime d'un misérable, presque fou, nommé Ravaillac.

Henri IV, dans son carrosse, s'en allait faire une visite à son grand ami Sully, qui était malade, quand, tout à coup, au tournant d'une rue, Ravaillac, escaladant le marchepied du carrosse, enfonça un poignard dans le cœur du roi.

Henri IV poussa un soupir : ce fut tout!... Le meilleur des rois était mort.

COMPOSITION SUR LA 4e PÉRIODE

TITRE DU SUJET A TRAITER : **Celui que je préfère.** — *Dans la quatrième période de votre histoire, vous avez appris l'histoire de deux grands rois : François Ier et Henri IV.*

PLAN : 1° *Dites ce qu'a fait François Ier*; — 2° *dites ce qu'a fait Henri IV*; — 3° *de ces deux rois, nommez celui que vous préférez et dites pourquoi vous le préférez.*

RÉCAPITULATION PAR L'IMAGE

RÉCAPITULATION PAR L'IMAGE

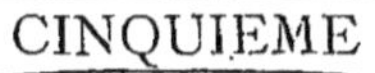
CINQUIEME

PÉRIODE

DE LOUIS XIII A LA RÉVOLUTION

Le grand Richelieu. — Louis XIV. — Louis XV. — Louis XVI.

1re *LEÇON* — *1610-1643*

LE RÈGNE DE LOUIS XIII

LOUIS XIII
Qui comprit le génie de Richelieu.

89. **Louis XIII, 1610-1643.** — Louis XIII avait dix ans quand il succéda à son père, Henri IV.

La régente. — Sa mère, ***Marie de Médicis***, fut nommée régente. Elle prit pour ministre un malhonnête homme, l'Italien *Concini*, qui mit le Trésor de la France au pillage. Mais plus tard, en 1624, le grand ***Cardinal de Richelieu*** devint ministre, et le pays vit renaître sa prospérité.

90. **Richelieu.** — Richelieu était énergique, inflexible. Il souffrait de voir que les ***nobles*** et les ***protestants*** désobéissaient au roi. Il força les *nobles* à l'obéissance.

Les *protestants* étaient devenus très indépendants. Ils avaient construit des fortifications autour de leur ville, *la Rochelle*, sur les bords de l'Océan et, de là, voulaient braver l'autorité du roi. Mais Richelieu vint lui-même faire le *siège de la Rochelle* : les protestants durent se soumettre, et ils redevinrent de bons et loyaux sujets.

RICHELIEU
Le très grand ministre.

91. **Richelieu et la maison d'Autriche.** — Richelieu voulait, comme l'avait voulu Henri IV, que la France restât une grande nation ; il reprit donc l'idée de Henri IV, qui était d'empêcher la trop puissante ***maison d'Autriche*** d'imposer, un jour, ses volontés à la France. Il résolut de l'affaiblir et, pour cela, il prit une part glorieuse à la guerre dite de *Trente Ans*, qui se termina sous son successeur, Mazarin.

92. **Mort de Richelieu, 1642.** — En l'année 1642, le grand ministre *Richelieu mourut*. Avant d'expirer, il avait dit : « Je n'ai jamais eu d'autres ennemis que ceux du roi ». Six mois plus tard, en 1643, *Louis XIII* mourait aussi.

LA ROYAUTÉ EST TOUTE-PUISSANTE

RÉSUMÉ-QUESTIONNAIRE DE LA 1re LEÇON

1° — ***A qui fut confié le royaume à la mort de Henri IV?*** — A la mort de Henri IV, Louis XIII n'ayant que dix ans, le royaume fut confié à la reine mère, *Marie de Médicis*, qui prit pour ministre un malhonnête homme, l'Italien *Concini*.

2° — ***Louis XIII n'eut-il pas un grand ministre?*** — Louis XIII eut le plus grand de tous les ministres : **Richelieu**. Richelieu força les *nobles* et les *protestants* à obéir au roi; puis, par la guerre qu'il fit à la *maison d'Autriche*, il l'empêcha de faire du tort à la France.

LECTURE. — Les écoles au temps jadis.

Vous rappelez-vous que Charlemagne, l'illustre ami des écoliers, avait installé des écoles jusque dans son palais, où les fils de roturiers et les fils de nobles venaient écouter les leçons de savants maîtres?

Or, il faut savoir qu'après Charlemagne, personne ne s'occupa plus d'instruire les enfants du peuple.

Pourtant, à partir de Henri IV, des écoles s'ouvrirent dans les villes et dans quelques villages, où les fils du peuple furent admis.

Qu'apprenait-on dans ces écoles?

— On y apprenait à lire, non pas dans des livres égayés de jolies gravures, mais dans des livres laids dont le texte était incompréhensible aux élèves.... C'était un texte latin! On y apprenait l'écriture; mais à peine si les petits enfants du peuple savaient signer leur nom.

UNE ÉCOLE DE PETITS NOBLES ET DE PETITS BOURGEOIS AU XVIe SIÈCLE.
(Gravure de l'époque).

Les « recteurs d'école » étaient bien sévères. Toujours la verge en main.... Gare les paresseux! Gare les bavards!

On y apprenait aussi le calcul, mais en comptant sur les doigts.

De l'histoire, de la géographie, du dessin, il n'était pas question.

Il y a loin, petits Français, des recteurs d'écoles du temps jadis à vos instituteurs, si instruits, si justes et si patients.

Les recteurs d'écoles étaient presque tous des ouvriers : tailleurs, cordonniers, sonneurs, etc. (car il leur fallait gagner leur pain, l'État ne les payait pas). Tout en travaillant, ils gardaient les élèves et ils essayaient à coups de verges de faire apprendre aux pauvres petits les éléments de la lecture et de l'écriture.

EXERCICE ORAL DE RAISONNEMENT

Démontrez que Richelieu, pour rendre la royauté très puissante, devait en effet lutter contre la *noblesse*, contre les *protestants* et contre la *Maison d'Autriche*.

2e LEÇON *1643-1661*

LE RÈGNE DE LOUIS XIV

ANNE D'AUTRICHE
La mère de Louis XIV.

93. **Régence d'Anne d'Autriche.** — *Louis XIV* n'avait que cinq ans, lorsque, en 1643, son père, Louis XIII, mourut. *Anne d'Autriche*, mère du jeune roi, fut régente du royaume; elle prit l'Italien ***Mazarin*** pour premier ministre. Mazarin avait été le secrétaire du grand Richelieu.

94. **Paix avec la famille d'Autriche.** — Mazarin continua la guerre que son maître Richelieu avait commencée contre l'Autriche et contre l'Espagne. Grâce aux brillantes victoires remportées par nos grands généraux, *Condé* et *Turenne*, à ***Rocroy***, à ***Fribourg***, à ***Nordlingen*** et à ***Lens***, cette guerre se termina par deux traités, fort avantageux pour la France.

En 1648, il y eut un premier traité, signé à ***Westphalie***, en Allemagne. Ce traité nous donnait l'*Alsace* et trois villes : *Metz*, *Toul*, *Verdun*. En 1659, il y eut un autre traité, appelé la ***paix des Pyrénées***, qui nous donnait l'*Artois* et le *Roussillon*.

LE MINISTRE MAZARIN
Continuateur de l'œuvre de Richelieu.

95. **La Fronde.** — Au dehors, nos armées se couvraient de gloire, tandis qu'à l'intérieur, on se faisait la guerre. Cette guerre civile prit le nom de ***Fronde***; elle dura quatre ans, de 1648 à 1652. La Fronde éclata : *premièrement*, parce que Mazarin avait augmenté les impôts; *deuxièmement*, parce que les seigneurs intriguaient pour renverser Mazarin : ils espéraient se partager l'argent, les emplois et les dignités du royaume, quand le ministre n'y serait plus. Mais Mazarin dompta les révoltés et il demeura plus puissant que jamais.

96. **Mort de Mazarin, 1661.** — En 1661, Mazarin mourut. Il avait été un grand ministre; il avait bien servi le roi. Avant d'expirer ce célèbre Italien put dire en toute vérité : « Si mon langage n'a pas été français, mon cœur le fut ».

RÉSUMÉ-QUESTIONNAIRE DE LA 2ᵉ LEÇON

1° — ***A la mort de Louis XIII qui gouverna le royaume?*** — A la mort de Louis XIII, 1643, Louis XIV n'ayant que cinq ans, la régence fut confiée à sa mère, **Anne d'Autriche**, qui prit pour ministre l'Italien **Mazarin**.

2° — ***L'œuvre de Richelieu fut-elle continuée?*** — Oui, Mazarin continua l'œuvre de Richelieu. Grâce aux brillantes victoires de **Condé** et de **Turenne**, la guerre contre l'Autriche se termina par le traité de **Westphalie**, en 1648, et par la **paix des Pyrénées**, en 1659 : ces traités enrichissaient la France de trois provinces : l'*Alsace*, l'*Artois* et le *Roussillon*; et de trois villes, *Metz*, *Toul*, *Verdun*.

3° — ***Qu'était-ce que la Fronde? Mazarin ne vint-il pas à bout de cette guerre civile?*** — La Fronde fut une guerre civile dirigée contre Mazarin; les nobles firent cette guerre civile dans l'espoir de reprendre la puissance que leur avait ôtée Richelieu. Mazarin vainquit les Frondeurs.

LECTURE — Un trait de l'enfance de Turenne.

Tout enfant, Turenne aimait avec passion les récits de guerre; il se plaisait plus parmi les soldats qu'au milieu des enfants de son âge.

Un soir d'hiver, malgré la neige qui couvrait les chemins, il s'échappa du château paternel pour aller se promener sur les remparts de Sedan. Ses parents ne l'avaient pas vu partir; ils le cherchèrent de tous les côtés, en vain. Sa mère était dans une inquiétude mortelle. Soudain, son père s'écria : « Je gage que ce petit démon est sur les remparts, dans quelque bivouac, tout entier aux récits de guerre qu'il se fait conter ».

Et, en pleine obscurité, le père partit, suivi de valets, porteurs de torches allumées; il gagna les remparts de la ville et trouva monsieur son fils qui, de lassitude, s'était endormi sur l'affût d'un canon.

TURENNE ENFANT
Un soir d'hiver, il s'était échappé du château de son père.

« *L'ennemi! l'ennemi!* » lui cria son père en riant.

A ce cri de guerre, le jeune Turenne s'éveille. Il se met dans l'attitude du combat : « Qui vive? »

Alors, son père, l'entourant de ses bras, lui dit en le couvrant de caresses : « Prisonnier!... Vous êtes mon prisonnier, petit soldat! »

RÉDACTION D'APRÈS L'IMAGE

Titre : **Un trait de l'enfance de Turenne.** — Dites ce que vous voyez sur l'image.

Modèle du devoir. — *Sur l'affût d'un canon, je vois un enfant endormi. C'est Turenne. Devant Turenne, un seigneur se penche; c'est son ....*

3e *LEÇON* *1661-1685*

LE RÈGNE DE LOUIS XIV (Suite)

LOUIS XIV
Le roi passionné de gloire.

97. **Le grand roi Louis XIV.**—A la mort de Mazarin, en 1661, Louis XIV avait vingt ans; il était en âge de régner. Il prit lui-même la direction des affaires de son royaume; il travailla beaucoup et s'entoura d'excellents ministres. Les deux principaux ministres de Louis XIV furent : ***Colbert***, ministre des finances; ***Louvois***, ministre de la guerre.

98. **Colbert.** — Colbert était né à Reims, où son père vendait du drap. Mazarin, son maître, l'avait présenté au roi en disant : « Sire, je vous dois tout, mais je m'acquitte en vous donnant Colbert ». Ce grand Français mit de l'ordre dans les finances; il protégea l'agriculture, le commerce et l'industrie; il réorganisa notre marine et nos colonies. Sa devise aurait pu être : « *Pour le roi souvent, pour la France toujours!* »

99. **Louvois.** — Louvois, ministre de la guerre, accomplit d'utiles réformes. Il fit porter l'uniforme aux soldats, il les fit marcher au pas, il leur donna la baïonnette. C'est à partir de Louvois que les grades ne furent plus tous vendus; il fallut les gagner par son mérite. Mais Louvois, pour flatter Louis XIV, poussa trop le roi à faire la guerre; et ainsi, il travailla contre les intérêts de la France.

100. **La France souffre.** — Colbert mourut en 1683; cette mort fut un malheur pour la France. Louis XIV, n'étant plus retenu par son grand ministre, écouta trop Louvois. Il persécuta les protestants qui, cependant, se conduisaient en bons Français. Henri IV, par l'***Édit de Nantes***, avait sagement assuré leur tranquillité; mais Louis XIV rendit nul cet édit en signant la ***Révocation de l'Édit de Nantes***, 1685. Alors, les protestants s'exilèrent d'un royaume où toute liberté leur était arrachée, et cela appauvrit beaucoup la France. Enfin Louis XIV, ne sentant plus aucun frein, satisfit sa grande passion pour la guerre.

LA ROYAUTÉ EST TOUTE-PUISSANTE

RÉSUMÉ-QUESTIONNAIRE DE LA 3e LEÇON

1° — ***A la mort de Mazarin, Louis XIV prit-il un premier ministre ?*** — Non. A la mort de Mazarin, Louis XIV, qui voulait gouverner lui-même, ne prit pas de premier ministre. Mais il confia les finances au dévoué et sage **Colbert** et tout ce qui concernait l'armée, à **Louvois**.

2° — ***Après la mort de Colbert, quelle fut la grande faute de Louis XIV?*** — Louis XIV annula *l'Édit de Nantes*, en 1685, et persécuta les protestants qui étaient de bons Français. Les protestants, plutôt que d'abandonner leur religion, s'exilèrent; ils portèrent à l'étranger toutes leurs richesses et leur intelligence; cela appauvrit beaucoup la France.

LECTURES — Le Roi-Soleil.

Louis XIV, dont l'orgueil était excessif, s'attribuait le mérite de tout ce qui se faisait de grand sous son règne; il ne voyait que lui dans l'État, et disait : « *L'État, c'est Moi!* » Sa vanité le poussa à prendre comme emblème le soleil qui éclaire le monde de ses rayons. De là, son surnom de *Roi-Soleil*. Il se laissa trop admirer, presque adorer. Cela était sot.

Cependant, il ne faut pas oublier qu'un des mérites du Roi-Soleil est d'avoir remarqué et protégé les grands hommes de son siècle. Le siècle de Louis XIV est un des plus beaux de notre histoire. Au *dix-septième siècle*, il y eut beaucoup de grands hommes qui écrivirent de fort beaux livres : tels ***La Fontaine*** et ***Fénelon*** dont vous apprenez les jolies fables; il y eut aussi ***Corneille***, ***Racine*** et ***Molière*** qui firent de belles pièces pour le théâtre.

LE BRILLANT LOUIS XIV A LA GUERRE

Louis XIV eut les premiers guerriers du monde. Parmi les généraux qui le servirent avec le plus d'éclat, se placent l'intrépide Condé, le prudent Turenne, le fougueux Luxembourg, l'impétueux Vendôme, Catinat « le *Père la Pensée* », Villars le sauveur, Vauban le grand cœur.

Enfin, au dix-septième siècle tous les arts brillèrent : la peinture, la sculpture, l'architecture. Le luxe fut inouï : les seigneurs s'habillèrent magnifiquement et portèrent soies, velours, plumes et dentelles, autant et même plus que les nobles dames.

EXERCICE A FAIRE DE MÉMOIRE

Devoir. — Écrivez, sans l'aide du livre, les noms des grands écrivains du XVIIe siècle. Écrivez le titre d'une des jolies fables de La Fontaine ou de Fénelon que vous aimez le plus.

4e LEÇON — 1661-1715

LE RÈGNE DE LOUIS XIV (Fin)

COLBERT le bon ministre de Louis XIV.

101. **Deux guerres heureuses de Louis XIV.** — Louis XIV a fait quatre grandes guerres.

Il fit d'abord la *guerre de* ***Flandres***. Cette guerre nous enrichit des Flandres qui forment maintenant le riche département du *Nord*, dont le chef-lieu est Lille.

La deuxième fut la *guerre de* ***Hollande***. Par cette guerre, nous eûmes la *Franche-Comté* qui forme à présent trois départements : Jura, Doubs, Haute-Saône.

102. **Deux guerres désastreuses.** — La première guerre désastreuse fut la *guerre de la* ***Ligue d'Augsbourg***. Cette guerre coûta à la France beaucoup d'hommes et beaucoup d'argent, sans nous enrichir d'aucune province.

La deuxième guerre désastreuse fut la *guerre de la* ***Succession d'Espagne***. Cette guerre fut très longue : elle dura quatorze ans, de 1700 à 1714. Elle acheva de ruiner la France.

103. **Le siècle de Louis XIV.** — Louis XIV fut le roi d'un grand siècle. Sa Cour était la plus somptueuse, la plus brillante de l'Europe. Au XVIIe siècle, nos artistes, nos écrivains, nos hommes de guerre étaient les plus illustres du monde. C'est parce que Louis XIV fut le *contemporain* de tous ces grands hommes, dont il sut distinguer et encourager les mérites, que l'Histoire donne au XVIIe siècle le nom de *Siècle de Louis XIV*; mais les folles dépenses de ce règne, glorieux pour la France, ont ruiné le pays.

104. **Mort de Louis XIV.** — Lorsque, en ***1715***, l'orgueilleux Louis XIV mourut, le peuple ne le regretta pas. Il avait trop aimé le luxe; et surtout trop aimé la guerre. Il ne s'était jamais intéressé au peuple que ses guerres et son luxe avaient accablé d'impôts, et qui, n'ayant plus assez d'argent pour s'acheter même du pain, périssait de misère. En 1715, la dixième partie de la population était réduite à la mendicité.

LA ROYAUTÉ EST TOUTE-PUISSANTE

RÉSUMÉ-QUESTIONNAIRE DE LA 4e LEÇON

1° — Combien Louis XIV a-t-il fait de guerres? — Louis XIV a fait quatre guerres. La guerre de *Flandres*, qui nous donna la riche province dont on a formé le département du Nord; la guerre de *Hollande*, qui nous donna la Franche-Comté; la guerre de la *Ligue d'Augsbourg* et la désastreuse guerre de la *Succession d'Espagne*.

2° — Qu'appelle-t-on le siècle de Louis XIV? — On appelle « *Siècle de Louis XIV* » **le XVIIe siècle**. C'est au XVIIe siècle que vécurent de grands hommes de guerre, tels que *Condé* et *Turenne*; de grands écrivains, tels que *La Fontaine* et *Molière*; de grands artistes, tels que l'architecte *Mansard* qui construisit le palais de Versailles.

LECTURE — « Sire, vous avez bien fait! »

Jean Bart et Duquesne furent les deux plus grands marins du XVIIe s. En 1691, Louis XIV voulut voir à Versailles le « loup de mer », le fameux ***Jean Bart*** dont tout le monde parlait. Jean Bart attendit l'audience en se promenant dans les galeries du Palais, la pipe entre les dents. Fumer dans le palais du Grand Roi, quelle inconvenance!... Les courtisans ahuris ne soufflaient mot, car le marin les dévisageait comme s'il eût été tenté de monter à l'abordage. Cependant, Louis XIV parut et lui annonça lui-même qu'il le faisait *chef d'escadre*. « Sire, vous avez bien fait! » répondit Jean Bart. Les courtisans rirent aux éclats de cette naïveté.

Les ennemis n'en rirent pas. Car Jean Bart, grand chef de la marine, allait les battre en maintes rencontres sur mer.

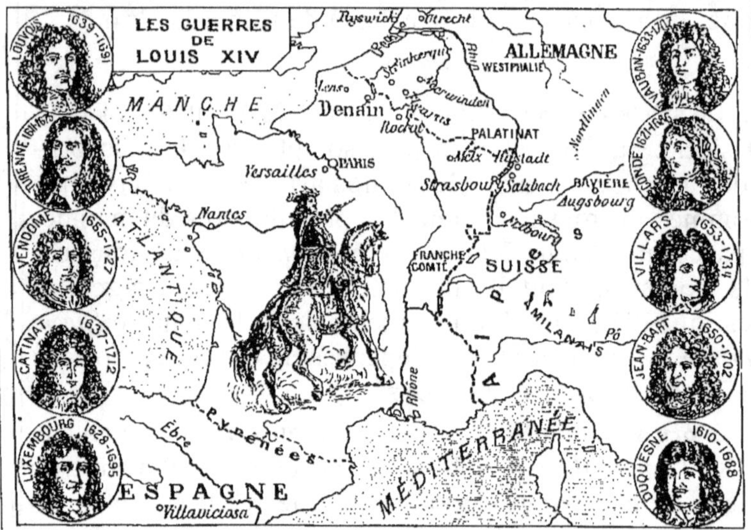

EXERCICE D'OBSERVATION ET DEVOIR

1° Cherchez sur la carte les villes où Condé, Turenne, Luxembourg, Villars ont remporté leurs grandes victoires. 2° Copiez la lecture.

5e LEÇON *1715-1774*

LE RÈGNE DE LOUIS XV

LOUIS XV
Le roi paresseux.

105. **Le Régent.** — Le fils et le petit-fils de Louis XIV étaient morts. Ce fut son arrière-petit-fils qui lui succéda, à l'âge de cinq ans. Il régna sous le nom de ***Louis XV***.

Le *duc d'Orléans*, oncle du petit roi, ayant été nommé régent, gouverna le royaume.

Le gouvernement de la Régence fut mauvais; on gaspilla presque tout l'argent du Trésor.

106. **Gouvernement de Louis XV.** — Quand Louis XV fut devenu grand, il choisit pour ministre son ancien précepteur, le cardinal de ***Fleury***. Fleury était bon; il avait le désir de faire des économies. Malgré lui, il s'engagea dans de longues guerres qui coûtèrent beaucoup à la France.

107. **Les guerres de Louis XV.** — Louis XV a fait trois guerres. La première fut la *guerre de Pologne*, en 1733, pour replacer sur le trône de Pologne son beau-père, ***Stanislas Leczinski***. Mais Stanislas ne fut pas rétabli en Pologne.

La deuxième guerre fut la *guerre d'Autriche*, en 1740; l'Angleterre était l'alliée de l'Autriche. Notre grand maréchal, ***Maurice de Saxe***, remporta la victoire de ***Fontenoy***. Au moment de commencer la bataille, les Anglais crièrent : « Messieurs les Français, tirez! » Les Français répondirent : « Nous ne tirons jamais les premiers! »

La troisième guerre fut la *guerre de Sept Ans*, en 1756, contre l'*Angleterre*, alliée de l'Allemagne. Les Français furent vaincus à ***Rosbach***[1]. Cette défaite nous fit perdre toutes nos colonies.

108. **Mort de Louis XV, 1774.** — Louis XV, paresseux, ignorant, égoïste, fut un très mauvais roi, il mourut en 1774.

Sous son règne, la France acquit la *Lorraine* et la *Corse*.

1. Avant la défaite de Rosbach, notre armée allait être surprise à Clostercamp par les Anglais; mais le chevalier d'Assas, du régiment d'Auvergne, appelant son régiment, malgré les baïonnettes qui se croisaient sur sa poitrine, cria : « A moi, d'Auvergne! voici l'ennemi! » Et il tomba mort. Ce dévoûment sauva tout un régiment.

RÉSUMÉ-QUESTIONNAIRE DE LA 5e LEÇON

1° — ***Qui fut le successeur de Louis XIV? Qui fut régent?*** — Le successeur de Louis XIV fut son arrière-petit-fils Louis XV. — Le *duc d'Orléans*, oncle du jeune roi, fut nommé **régent**.

2° — ***Combien Louis XV a-t-il fait de guerres? Et que pensez-vous de ce roi?*** — Louis XV a fait trois guerres : 1° la guerre de la *succession de Pologne*; — 2° la guerre de la *succession d'Autriche*; — 3° la guerre de *Sept Ans*. — Louis XV fut un de nos plus mauvais rois; il n'aima pas la France, il n'aima que lui et ses plaisirs.

LECTURE — Louis XV enfant.

C'était, à l'âge de cinq ans, un enfant tout à fait gentil. Mais, pour son malheur et celui de la France, on lui choisit un mauvais gouverneur, le maréchal de *Villeroy*. Celui-ci, au lieu de réprimander son élève, le flattait, lui passait tous ses caprices, ne le forçait point à étudier. Ce mauvais gouverneur n'apprenait pas à Louis XV les devoirs d'un roi; il ne lui parlait jamais de justice ni de bonté; il ne lui montrait pas la misère des habitants de la campagne, que les impôts ruinaient et à qui on ne laissait pas même de quoi ensemencer les terres.

LE PETIT ROI LOUIS XV.
Agé de cinq ans, il assiste à la séance solennelle où son oncle, le duc d'Orléans, est nommé régent.

Au contraire, quand le peuple venait acclamer son petit roi, le mauvais gouverneur disait à Louis : « Sire, tout ce peuple est à vous! » comme il aurait dit : « Sire, tous ces esclaves sont à vous, faites-en tout ce qui vous plaira, sans vous soucier de leur bonheur ni même de leur vie! » Peu à peu, le cœur du petit roi s'endurcit : il fut paresseux, ignorant et égoïste.

Cependant il avait une jolie figure, des gestes gracieux. Et, ce qui prouve que nous ne devons pas juger sur l'apparence, tous ceux qui approchaient l'enfant *gâté* pensaient : « Oh! le charmant petit roi! » Devenu grand, Louis XV fit passer son plaisir avant toute chose; il se conduisit très mal, et la France apprit à détester le roi et la royauté.

1° EXERCICE ORAL — 2° DEVOIR ÉCRIT

Louis XV enfant. — 1° *Racontez* comment fut élevé le petit roi. 2° *Écrivez*, de mémoire, un résumé du 1er paragraphe de la lecture.

6e LEÇON 1774-1789

LE RÈGNE DE LOUIS XVI

LOUIS XVI
Le roi qui ne sut pas commander.

109. **Louis XVI.** — *Louis XVI* succéda à son grand-père Louis XV, en 1774. Il avait vingt ans. Il était bon et honnête; mais d'un caractère mou. Ce monarque était destiné à expier les fautes de son aïeul.

110. **Marie-Antoinette.** — Louis XVI avait épousé *Marie-Antoinette*, princesse autrichienne; le peuple, qui ne la croyait pas bonne Française de cœur, la détestait et, en terme de mépris, l'appelait l'*Autrichienne.*

Louis XVI avait du chagrin de voir tant souffrir les pauvres gens que les impôts ruinaient. Il choisit un grand ministre, ***Turgot***, auquel il adjoignit *Malesherbes* et *Necker*, qui travaillèrent à rendre moins dures les souffrances du peuple.

111. **La guerre d'Amérique.** — Les *Anglais* étaient maîtres de l'Amérique du Nord. Les *Américains*, voulant les chasser, appelèrent les Français à leur aide. Les *jeunes nobles français*, commandés par le ***marquis de La Fayette***, coururent au delà de l'Océan, se battre pour la cause américaine. Les Anglais furent vaincus, et les Américains, qui avaient pour chefs *Franklin* et *Washington*, proclamèrent l'*indépendance des* ***États-Unis***.

112. **Calonne et de Brienne.** — Malheureusement les bons ministres, *Turgot*, Malesherbes et Necker, déplaisaient à la reine. Le roi eut la faiblesse de les renvoyer. Ils furent remplacés par deux courtisans, *Calonne* et *de Brienne*, dont les folles dépenses précipitèrent le royaume vers sa perte.

Le pays était indigné. Louis XVI comprit qu'il avait tort et *rappela* ***Necker*** qui était très populaire : le peuple l'aimait.

Mais il n'y avait plus rien dans le trésor de l'État; et Necker dit à Louis XVI : « Sire, il faut que le *clergé* et la *noblesse* payent des *impôts* comme le peuple ».

Le roi approuva Necker, et, pour obtenir de nouveaux impôts, il convoqua les États généraux, en 1789.

RÉSUMÉ-QUESTIONNAIRE DE LA 6e LEÇON

1° — ***Nommez les ministres que prit Louis XVI?*** — Les trois premiers ministres que prit Louis XVI furent *Turgot*, *Malesherbes*, *Necker*. **Turgot** est un de nos plus grands ministres.

Mal conseillé, Louis XVI les congédia.

Calonne et de Brienne, flatteurs et dépensiers, leur succédèrent : ils firent tant de dettes que Louis XVI les renvoya et reprit Necker.

2° — ***Que firent les Français en Amérique?*** — La noblesse française, sous la conduite de *La Fayette*, alla se battre en Amérique pour aider les Américains à chasser les Anglais. L'expédition réussit.

3° — ***Pourquoi Louis XVI réunit-il les États généraux?*** Louis XVI, sur les conseils de Necker, réunit les États généraux pour obtenir que les *impôts* fussent payés par le *clergé* et par la *noblesse* et non plus seulement par le peuple.

LECTURE — Les beaux jours de la reine.

Louis XVI avait épousé une jeune princesse d'Autriche, jolie, fort gracieuse et qu'il aimait beaucoup. Elle se nommait Marie-Antoinette et passait les étés à Versailles, dans un château, « *le petit Trianon* », où le parc était orné de lacs, de petites rivières et de jolies maisonnettes. Elle y vivait entourée de grandes dames et d'élégants seigneurs; elle jouait à la fermière et donnait des fêtes champêtres.

PARMENTIER ET LOUIS XVI

Parmentier avait introduit en France la culture de la pomme de terre. Personne n'en voulait. Louis XVI, devant ses courtisans, piqua à son habit la fleur de pomme de terre que lui offrait Parmentier, puis il fit servir sur sa table le bon tubercule, accommodé de différentes manières. Dès lors, la pomme de terre fut à la mode et cultivée partout.

Malheureusement, Marie-Antoinette écouta les mauvais conseils de quelques courtisans qui lui parlaient mal du grand Turgot. Et tandis que Turgot disait au roi : « Sire, il est nécessaire de faire des économies, » Marie-Antoinette, qui ne voulait pas réduire ses dépenses, décidait son mari à renvoyer Turgot. Louis XVI était désolé, il disait : « Il n'y a que Turgot et moi qui aimions le peuple ». Néanmoins, il cédait.

Après Turgot, Marie-Antoinette supplia son mari de renvoyer Necker, et Louis XVI céda encore.

Cependant, le gouvernement n'avait plus d'argent pour payer les fonctionnaires, l'armée, etc. Il n'était pas possible d'en demander davantage au peuple. Ce que voyant, Louis XVI rappela Necker qui était fort habile. Necker dit au roi : « Sire, il n'y a qu'un moyen de trouver de l'argent : c'est de soumettre à l'impôt le clergé et la noblesse qui jusqu'ici ne l'ont pas payé ». Necker avait raison.

COMPOSITION SUR LA CINQUIÈME PERIODE

Exercice oral. — *1° Comment se nommait le père de Louis XIII? et le grand ministre de Louis XIII? dites l'œuvre de ce ministre? 2° Quels furent les deux principaux ministres de Louis XIV? Que pensez-vous du règne de ce roi? 3° Racontez le règne de Louis XVI jusqu'à 1789.*

RÉCAPITULATION PAR L'IMAGE

RÉCAPITULATION PAR L'IMAGE

SIXIÈME PÉRIODE

LA RÉVOLUTION ET L'EMPIRE

1re LEÇON 1789

OUVERTURE DES ÉTATS GÉNÉRAUX

DÉPUTÉS DES TROIS ORDRES
Tiers état, noblesse, clergé formaient les *États généraux*.

113. *Les États généraux se réunirent à Versailles, le 5 mai, en l'année* ***1789.***

Louis XVI, qui les avait convoqués pour avoir de l'argent, ne se doutait pas que le *tiers état* que, jusque-là on avait méprisé, oserait demander une ***réforme complète*** dans le gouvernement.

114. **Serment du Jeu de Paume.** — Les Députés perdirent cinq semaines à se quereller. Le roi, mécontent, fit fermer la salle où les *députés du peuple* délibéraient; mais ils se retrouvèrent réunis dans une salle de jeu, la *salle du Jeu de Paume.* Louis XVI leur ordonna de se séparer. ***Mirabeau***, le grand orateur de la Révolution, répondit fièrement : « Nous sommes ici par la volonté du peuple et nous n'en sortirons que par la force des baïonnettes! » Et ils firent le serment de donner une ***Constitution*** à la France, c'est-à-dire un ensemble de lois d'après lesquelles le pays se gouvernerait. Dès lors, les États généraux prirent le titre d'*Assemblée constituante.*

115. **Prise de la Bastille, 14 juillet 1789.** — La reine et les courtisans n'aimaient pas ***Necker*** : Louis XVI le renvoya une seconde fois. Alors le peuple de Paris entra dans une grande colère et s'empara de la ***Bastille***, prison où les rois enfermaient leurs victimes. « C'est une révolte! » s'écria le roi. « Non, sire, lui répondit-on, c'est une révolution! »

116. **Nuit du 4 août.** — *Dans la nuit du* ***4 août 1789***, l'Assemblée supprima les ***privilèges*** et les ***droits*** des seigneurs et du clergé. La noblesse et le clergé votèrent avec enthousiasme la suppression de leurs privilèges ou faveurs; puis ils décrétèrent *l'égalité, devant* **la loi**, et la *liberté* de tous les Français.

LA RÉVOLUTION

RÉSUMÉ-QUESTIONNAIRE DE LA 1re LEÇON

1° — *Que firent les États généraux de 1789?* — Les États généraux de **1789**, réunis pour voter de nouveaux impôts, se querellent; puis les députés du peuple jurent (**serment du Jeu de Paume**) de donner à la France une **Constitution**, c'est-à-dire des lois pour gouverner la France. Ainsi la royauté perd son « *pouvoir absolu* ».

2° — *Louis XVI n'essaya-t-il pas de renvoyer les députés du tiers?* — Louis XVI essaya de renvoyer les députés du *tiers*. Mirabeau s'y opposa. Puis, le roi congédia Necker; mais le peuple se révolta et s'empara de **la Bastille** le 14 juillet 1789.

Pour calmer la légitime colère du peuple, les nobles et les évêques renoncèrent, dans la **Nuit du 4 août**, à tous leurs titres et privilèges.

LECTURE — Les débuts de la Révolution de 1789.

Parce que Louis XVI a renvoyé Necker, le peuple est dans une grande colère. Un jeune avocat, *Camille Desmoulins*, fait des discours en plein air, au Palais Royal, contre la royauté, et tous les assistants crient : « Liberté! Liberté! » Alors dans un beau geste, Camille Desmoulins détache d'un marronnier une feuille, la pique à son chapeau; ce geste est refait par chacun de ses auditeurs, et cette feuille verte devient le signe auquel tous les amis de la liberté se reconnaissent. Puis, dans une poussée violente, le peuple se porte sur la Bastille et s'en empare. Les Parisiens, maîtres de la capitale, élisent une *municipalité*, c'est-à-dire un maire et des conseillers; puis ils organisent la *Garde nationale*; La Fayette en est le commandant et il distribue à ses troupes la ***cocarde tricolore*** : le bleu et le rouge, couleurs de la Ville de Paris, sont unis au blanc, couleur de la France et de la royauté. Louis XVI, pour se réconcilier avec son peuple, rentre à Paris et approuve tout ce qui a été fait.

PRISE DE LA BASTILLE, 14 JUILLET 1789.
La Bastille était une sinistre prison, où les rois enfermaient sans jugement non des criminels, mais ceux de leurs sujets qui les avaient mécontentés.

DEVOIR ÉCRIT

ÉCRIVEZ LA RÉPONSE DES QUATRE QUESTIONS SUIVANTES : 1° Où, et en quelle année le roi Louis XVI réunit-il les États généraux? — 2° Nommez le plus grand orateur de la Révolution? — 3° Que vous rappelle cette date : 14 juillet 1789? — 4° Que se passa-t-il dans la nuit du 4 août?

MODÈLE DU DEVOIR : 1° *Le roi Louis XVI réunit les États généraux à Versailles, en l'année 1789.*

2e LEÇON *1789-1792*

L'AGONIE DE LA ROYAUTÉ

MIRABEAU
Le grand orateur de la Révolution.

117. **Journées des 5 et 6 octobre 1789.** — Le peuple de Paris souffrait : il n'avait plus de pain ; il accusait *la* ***reine*** *et l'étranger* de chercher à l'affamer. Dans la *journée du* **5** *octobre* et dans *celle du* **6**, les Parisiens des faubourgs coururent à Versailles, où était le roi, en criant : « Du pain! du pain! » Cette manifestation ne calma pas la misère ; mais le roi et sa famille furent ramenés à Paris.

118. **Fuite et arrestation du roi, 1791.** — Le roi, qui ne se sentait plus en sûreté en France, résolut de fuir, et d'aller *demander secours aux étrangers* et aux ***émigrés***. (On appelait émigrés les nobles qui s'étaient sauvés à l'étranger.) Mais Louis XVI fut arrêté à Varennes et ramené à Paris.

119. **Journée du 10 août 1792.** — Un an plus tard, en 1792, l'***Assemblée législative*** succéda à la *Constituante*.

Le *duc de* ***Brunswick***, général prussien, publia une insolente lettre, où il ordonnait à la nation française de rendre à Louis XVI le pouvoir absolu. « Sinon, disait la lettre du duc, *les armées étrangères détruiront Paris.* »

Le peuple, indigné, fit tout le contraire de ce que lui ordonnait Brunswick : et, dans la ***Journée du 10 août***, le peuple força le gouvernement à *détrôner le roi* et à l'enfermer, avec sa famille, dans la prison du Temple.

120. **1re Victoire de la Révolution, Valmy! — 20 septembre 1792.** — Pour venger Louis XVI, l'*Autriche* et la *Prusse* pénétrèrent en France et marchèrent sur Paris. Mais, à l'approche de l'ennemi, la Législative déclara « ***la Patrie en danger!*** »

De toutes parts accoururent les *Engagés Volontaires*. Ils furent placés sous les ordres des généraux *Dumouriez* et *Kellermann* ; ils remportèrent sur Brunswick la célèbre victoire de ***Valmy***, qui sauva la France de l'invasion.

RÉSUMÉ-QUESTIONNAIRE DE LA 2e LEÇON

1° — ***Quels sont les événements qui précèdent l'arrestation du roi?*** — Le peuple de Paris, excité par la faim, se précipite à Versailles pour ramener le roi et sa famille dans la capitale (**Journées du 5 et du 6 octobre**). Les nobles *émigrent*, c'est-à-dire s'exilent à l'étranger, et Louis XVI veut rejoindre les **émigrés**; il s'enfuit; on l'arrête à Varennes, près de la frontière.

2° — ***Quels furent les premiers actes de l'Assemblée législative?*** — *L'Assemblée Législative* détrône Louis XVI, le **10 août 1792**, et l'emprisonne. L'Autriche et la Prusse nous attaquent; alors, le gouvernement déclare la **Patrie en danger.** Avec une ardeur patriotique incomparable, les Volontaires battent les Prussiens à **Valmy.**

LECTURE — Un beau jour sans lendemain.

Après les tristes « *journées d'octobre* » le roi se réconcilia avec la Nation et une grande fête fut décidée pour célébrer l'anniversaire de la prise de la Bastille : ce fut la fête de la ***Fédération***, c'est-à-dire la fête de l'union de tous les Français (14 juillet 1790).

LOUIS XVI ET SA FAMILLE AU TEMPLE

Pour cette fête, la France entière, dans un magnifique élan, vint à Paris. Toutes les provinces, les villes, même les villages y envoyèrent leurs représentants. Ce fut un des plus beaux jours de la Révolution où tous les Français se sentirent frères, ayant tous pour mère adorée : la Patrie.

Un monumental autel fut dressé au milieu du *Champ de Mars*. Sur cet autel, le roi, les ministres, l'Assemblée Constituante, jurèrent solennellement fidélité à la ***Loi***. Et le peuple, « nombreux comme le sable du rivage », répéta le serment dans une acclamation immense.

Hélas! ce beau jour fut sans lendemain. Louis XVI ne tint pas son serment; et, sur les conseils de ses amis, une nuit, en cachette, il quitta Paris où, lui disait-on, il n'était plus en sûreté. Il monta en voiture avec la reine, le dauphin et quelques personnes intimes. Les fugitifs, qui s'étaient cachés sous un déguisement, voulaient franchir la frontière de Lorraine et rejoindre les émigrés et les armées étrangères.

Mais Louis XVI fut reconnu, arrêté à Varennes, ramené à Paris.

On enferma la famille royale dans la prison du Temple, et Louis XVI, accusé d'avoir trahi la France, sera bientôt jugé et condamné à mort.

NARRATION ORALE

1° Racontez ce qui se passa pendant les journées du 5 et du 6 octobre 1789. — 2° Dites ce qui se passa lorsqu'on déclara « la Patrie en danger! »

3e LEÇON *1793-1798*

LA FRANCE VICTORIEUSE!

121. **Mort de Louis XVI, 1793.** — A l'Assemblée législative, succéda une autre assemblée qui prit le nom de ***Convention.*** La Royauté fut abolie et la ***République*** proclamée. *Robespierre, Danton, Marat*, les trois principaux chefs de la Convention, firent condamner à mort et exécuter Louis XVI, le 21 janvier de l'année 1793. Quelques mois après, Marie-Antoinette. et bien d'autres victimes eurent aussi la tête tranchée.

Cette triste époque s'appela « Régime de la ***Terreur*** ».

LA MARSEILLAISE
« Allons, enfants de la Patrie! »

122. **Victoire de Fleurus, 1794.** — La mort de Louis XVI épouvanta tous les rois d'Europe; ils réunirent leurs armées pour accabler la France. Mais, d'un prodigieux effort, la Patrie repoussa les étrangers. Le grand ***Carnot***, surnommé *l'Organisateur de la Victoire*, organisa ***quatorze armées***, qui triomphèrent partout de l'ennemi et remportèrent les belles victoires de *Jemmapes*, de *Wattignies*, de ***Fleurus***.

123. **Campagne de Bonaparte en Italie, 1796.** — En 1796, le gouvernement changea encore de nom et s'appela le ***Directoire.***

Il y eut cinq *Directeurs* dont le plus grand fut ***Carnot***.

Ce fut sous le Directoire que le *général Bonaparte* fit la ***Campagne d'Italie.*** Cette campagne fut pour lui un triomphe. Il ne remporta que de brillantes victoires dont les plus célèbres sont les victoires de ***Lodi, d'Arcole, de Rivoli.***

124. **Bonaparte en Égypte, 1798.** — Afin de nuire aux Anglais, qui étaient alors nos ennemis, et de les atteindre dans leurs colonies, Bonaparte fit la campagne d'Égypte. Il gagna la bataille des ***Pyramides***; il s'empara du ***Caire***, capitale de l'Égypte. Mais les *Anglais*, commandés par l'amiral Nelson, détruisirent notre flotte à ***Aboukir***. Voulant rentrer à Paris, Bonaparte confia l'armée d'Égypte à *Kléber*; mais Kléber, l'année suivante, périt assassiné au Caire. L'Égypte fut alors perdue pour nous.

RÉSUMÉ-QUESTIONNAIRE DE LA 3e LEÇON

1° — ***Que font les rois d'Europe en apprenant la mort de Louis XVI?*** — Les rois réunissent toutes leurs armées contre nous. Mais le grand **Carnot** organise la victoire et partout nos soldats triomphent. Après la brillante victoire de **Fleurus**, les Français étaient maîtres de tout le pays jusqu'au **Rhin**.

2° — ***Des illustres généraux de la Révolution, nommez le plus remarquable?*** — **Bonaparte** est le plus remarquable des généraux de la Révolution. Il s'est couvert de gloire en Italie par ses victoires de *Lodi*, d'*Arcole*, de *Rivoli* et par son expédition en *Égypte*.

LECTURE — **Le petit tambour d'Arcole.**

Tous les rois étaient en colère contre la France à cause de la mort de Louis XVI et, pour le venger, ils se liguèrent et nous firent la guerre. Représentez-vous, enfants, votre patrie ayant à défendre ses frontières, non pas contre une nation ou contre deux, mais contre toute l'Europe... c'était formidable!

LES GRANDS GÉNÉRAUX DE LA RÉPUBLIQUE
« On a vu ces jeunes chefs, fils de la République, surpasser en audace, en constance, tout ce que l'Histoire des peuples nous rapporte de ses héros. »

CARNOT
L'Organisateur de la Victoire.

L'Autriche, pays de *Marie-Antoinette*, était alors notre principale ennemie : ce fut donc contre ***l'Autriche*** que le Directoire lança trois armées qui devaient se rejoindre à Vienne. L'une de ces armées, devait passer par l'Italie; elle était confiée au général Bonaparte.

Bonaparte voulait que l'on traversât une rivière pour atteindre l'ennemi à Arcole, en Italie. Des braves consentirent à tenter ce passage, sous le feu des adversaires. Mais qui conduirait au feu? Qui battrait la charge? « Moi! » dit le tambour André, gamin de 14 ans. Et le petit tapin fait un bruit infernal. L'ennemi croit qu'un régiment s'avance qui va le surprendre; il s'enfuit abandonnant aux Français une position avantageuse.

LE PETIT TAMBOUR D'ARCOLE

André fut surnommé le « petit tambour d'Arcole ». En témoignage d'admiration, sa brigade lui vota des baguettes d'or. Le « petit tambour d'Arcole » a été sculpté sur le fronton du Panthéon, parmi un groupe de héros.

EXERCICE D'ÉLOCUTION

1°. Racontez l'action héroïque du petit tambour d'Arcole. — 2° Nommez les grands généraux de la République.

4e LEÇON *1799-1809*

LES VICTOIRES DE NAPOLÉON

125. **Coup d'État du 18 Brumaire,** 9 *novembre 1799*. — Le général Bonaparte, à son retour d'Égypte, renversa le gouvernement. Ce crime contre les *lois* fut appelé le Coup d'État du ***18 brumaire***. Il s'empara du pouvoir, se fit nommer *Consul*, et son gouvernement s'appela le « *Consulat* ». Il y eut trois consuls : Bonaparte fut ***Premier Consul***.

126. **Victoire de Marengo, 1800.** — Le 1er Consul prend la direction des armées. Un général français, *Masséna*, étant cerné par les Autrichiens, dans la ville de Gênes (Italie), Bonaparte se précipite à son secours. Il franchit les Alpes, au *Mont-Saint-Bernard*, surprend les ennemis par sa rapidité foudroyante, et remporte sur eux la victoire de ***Marengo***, où fut tué le général Desaix, 1800. Alors fut signé le glorieux *traité de Lunéville* (1801), qui assurait le ***Rhin*** pour frontière à la France.

NAPOLÉON Ier
Empereur des Français.

127. **Napoléon Ier empereur, 1804.** — Le 2 décembre de l'année 1804, le général Bonaparte fut proclamé Empereur, sous le nom de Napoléon Ier. Sa femme, Joséphine de Beauharnais, devint l'*impératrice Joséphine*.

128. **Les victoires de l'Empire.** — L'implacable ennemie de Napoléon, l'***Angleterre***, ne cessa d'exciter les rois contre l'Empereur : et Napoléon fit tout le mal qu'il put à l'Angleterre. C'est pourquoi l'Empire ne fut qu'une longue suite de guerres avec l'Europe. Voici les noms des trois campagnes *heureuses* de l'Empereur :

Campagne de ***1805***. Contre les Autrichiens et les Russes. *Victoire d'**Austerlitz**!* Défaite navale de ***Trafalgar***.

Campagne de ***1806***. Contre les Prussiens et les Russes. *Victoires d'**Iéna**, **Eylau**, **Friedland**.* Entrée triomphale de Napoléon à ***Berlin!***

Campagne de ***1809***. Contre l'Angleterre, l'Autriche, l'Espagne, le Portugal. *Victoire de **Wagram**.* Entrée à Vienne.

RÉSUMÉ-QUESTIONNAIRE DE LA 4e LEÇON

1° — *Que fit Bonaparte à son retour d'Égypte?* — A son retour d'Égypte, Bonaparte viola les lois du pays et fit le coup d'État du **18 Brumaire**; il se nomma *premier consul*. C'est pendant son consulat que Bonaparte remporta sur les Autrichiens la victoire de *Marengo*, en 1800.

2° — *Que fit Bonaparte proclamé empereur?* — Bonaparte, proclamé **empereur**, sous le nom de **Napoléon Ier**, conduisit d'abord l'armée française de victoire en victoire.

Les plus grandes victoires de l'Empereur sont les suivantes : *Austerlitz*, *Iéna*, *Eylau*, *Friedland*, *Wagram*, la *Moscowa*.

LECTURE — Portrait du plus grand capitaine du monde.

Napoléon Ier naquit dans l'île de Corse, à Ajaccio, en l'année 1769. Son père, gentilhomme sans fortune, s'appelait Charles Bonaparte, sa mère, femme de grand esprit, était Lætitia Ramolino.

Tout enfant, Napoléon avait donné des marques de son caractère dominateur et de son intelligence qui devaient le porter un jour à de hautes ambitions.

A l'école militaire de Brienne, où il était élève, le jeune Bonaparte aurait voulu tout diriger; il enrégimentait ses condisciples et s'en faisait le chef.

« Napoléon était de petite taille. Il avait les cheveux châtains, les yeux gris bleu; son teint, jaune tant qu'il fut maigre, devint plus tard d'un blanc mat et sans aucune couleur. Ses traits étaient beaux. Ses yeux, habituellement ternes, donnaient à son visage au repos, une expression triste et pensive. Quand il s'animait par la colère, son regard devenait aisément farouche et menaçant. Le rire lui allait bien : il désarmait et rajeunissait toute sa personne; il embellissait et changeait sa physionomie. Sa toilette était très simple; il portait habituellement l'un des uniformes de sa garde. Dans ses campagnes, il était toujours enveloppé d'une redingote grise sans chamarrure d'aucune sorte.

L'EMPEREUR! — SON ÉTAT-MAJOR

A **16** ans, le lieutenant d'artillerie Bonaparte est inconnu de tous. A **26** ans Bonaparte est général de brigade. A **27** ans, il est général en chef. A **30** ans, il est Premier Consul. A **35** ans, cet homme que, en 1785, personne ne connaissait, est empereur et maître de presque toute l'Europe.

DEVOIR ÉCRIT

Écrivez quelles nations combattait l'Empereur quand il remportait ses grandes victoires d'Austerlitz, d'Eylau, de Wagram.

MODÈLE DU DEVOIR : *Quand il remporta la victoire d'Austerlitz, Napoléon combattait les Autrichiens et les Russes.*

5e LEÇON 1812-1815

CHUTE DU GRAND NAPOLÉON

JOSEPH BONAPARTE
Roi d'Espagne.

129. **Guerre d'Espagne, 1808.** — En 1808, Napoléon eut le tort de nommer son frère, ***Joseph Bonaparte***, *roi d'Espagne*. Les Espagnols se révoltèrent. Alors, commença la longue et terrible ***guerre d'Espagne*** qui devait durer cinq années. Après le siège de *Saragosse*, suivi de luttes héroïques, Joseph fut chassé du trône d'Espagne.

130. **Désastreuse campagne de Russie, 1812.** — Napoléon eut le tort de se brouiller avec le Tsar et de lui déclarer la guerre.

Cette *guerre de Russie* fut très malheureuse. Napoléon, à la tête d'une armée formidable, remporta une grande victoire sur les bords de la *Moscowa*; il entra en *vainqueur* à ***Moscou***; mais les Russes, pour le chasser, brûlèrent la ville. Alors, l'Empereur ordonna ***la retraite de Russie*** qui fut un désastre. Nos pauvres soldats se noyèrent presque tous en passant la *Bérésina*; le froid tua le reste.

131. **Abdication de Napoléon, 1814.** — Les souverains profitèrent de nos malheurs en Russie pour s'unir tous contre Napoléon. Ils le vainquirent à la terrible bataille de ***Leipzig***, en Allemagne. Victorieux, les étrangers envahirent la France.

Napoléon fut alors contraint d'*abdiquer*, c'est-à-dire de renoncer au trône. Il fit, au château de Fontainebleau, de touchants adieux à son armée et il alla vivre à l'***île d'Elbe***.

132. **Les Cent-Jours. Waterloo, 1815.** — Après l'*abdication* de l'Empereur, *Louis XVIII*, frère de Louis XVI, fut nommé roi. Mais Napoléon revint bientôt en France et fut de nouveau empereur pendant ***Cent Jours***.

La guerre recommença et l'Empereur fut vaincu à la bataille de ***Waterloo***. Les Anglais l'envoyèrent prisonnier à l'île de ***Sainte-Hélène***, sur les côtes d'Afrique. C'est là que mourut tristement, abreuvé d'outrages, en l'année 1821, le plus grand homme de guerre du monde. Malgré ses prodigieuses victoires, Napoléon laissa notre pays plus petit qu'il ne l'avait trouvé.

RÉSUMÉ-QUESTIONNAIRE DE LA 5e LEÇON

1° — L'Europe accepta-t-elle la domination de Napoléon? — Non! l'Europe entière se révolta et se coalisa contre Napoléon. Surtout lorsque, en **1812**, Napoléon ayant attaqué la **Russie**, eut été chassé de *Moscou* incendié, et que la Grande Armée eut été détruite à la *Bérésina*. Aussi, après la défaite de **Leipzig** (1814), Napoléon ne put-il empêcher les ennemis de pénétrer en France. L'empereur fut détrôné et envoyé en exil à l'**île d'Elbe**, en 1814.

2° — L'Empereur ne revint-il pas de l'île d'Elbe? — Oui; Napoléon rentra en France et renversa du trône Louis XVIII, pour y remonter lui-même. Il régna **cent jours**. Mais l'Europe se coalisa encore contre lui; il fut vaincu à **Waterloo** et mourut prisonnier à *Sainte-Hélène*.

LECTURE. — Deux coupables! Deux victimes!...

Napoléon a donné à la France toutes les gloires. Il a conduit nos troupes victorieuses dans presque toutes les capitales : à Berlin, à Vienne, à Madrid, à Moscou.... Enivré de sa puissance, « fou d'orgueil », il a cru pouvoir commander à l'Europe entière comme il commandait à ses soldats.

Mais, dans une coalition formidable, l'Europe s'est dressée devant lui; à *Leipzig*, elle lui a crié : « Halte-là! » Et le foudre de guerre a été abattu.

D'ailleurs, après quinze ans de guerre, après avoir laissé, sur tous les champs de bataille des milliers de cadavres, la France s'est vue vaincue, épuisée, plus petite qu'avant *89*, puisqu'elle avait perdu même les conquêtes de la République.

De ces malheurs excessifs, Napoléon fut-il le seul coupable?

Non! Il y eut deux coupables, comme il y eut deux victimes: la *France* et l'*Empereur*. Si la France ne s'était pas jetée dans les bras du glorieux général Bonaparte, si elle n'en avait pas fait son maître, l'orgueil n'aurait pas tourné la tête à ce grand homme de guerre. C'est une leçon, une dure leçon. Que les Français ne l'oublient pas!

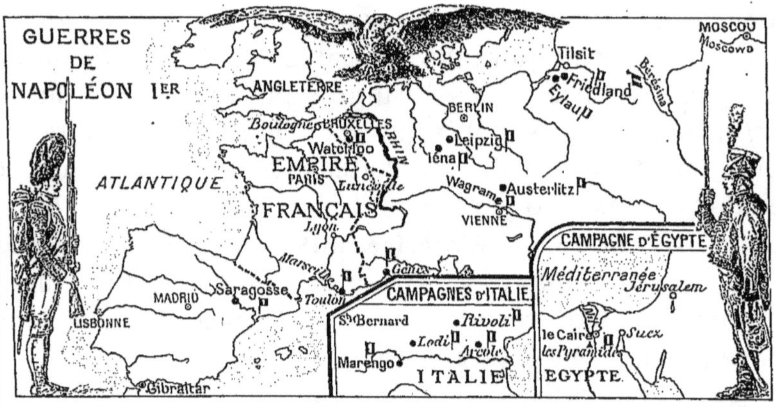

COMPOSITION ÉCRITE SUR LA SIXIÈME PÉRIODE

1° En combien d'**ordres**, la société était-elle divisée avant la Révolution? — 2° Que se passa-t-il en 1789, à ces dates : ***14 Juillet***, — ***Nuit du 4 Août***? — 3° Nommez les campagnes heureuses de Napoléon Ier, avec ses principales victoires. — 4° Où mourut Napoléon Ier?

RÉCAPITULATION PAR L'IMAGE

Avant 1789, quels étaient les trois Ordres ?

Quelle réponse fit Mirabeau aux envoyés du roi ?

Dites l'origine du drapeau tricolore ?

Que se passa-t-il dans la nuit du 4 août 1789 ?

Que se passa-t-il dans les journées du 5 et du 6 octobre 1789 ?

Que vous rappelle la bataille de Valmy ?

Que représente ce dessin ? Et la Bastille ? Et Necker ?

Que savez-vous de la campagne de Bonaparte en Égypte ?

Ces trois noms, que vous rappellent-ils ?

Ces trois noms, que vous rappellent-ils ?

Qui était Mirabeau ?

En quelles circonstances se firent les engagements des Volontaires ?

Que savez-vous de ces trois personnages ?

RÉCAPITULATION PAR L'IMAGE

Ce dessin représente Bo-naparte au Pont d'Arcole. Que fait-il ?

Que fit le général Bonaparte dans la journée du dix-huit Brumaire ?

Savez vous l'histoire du petit tambour d'Arcole ? Racontez-la.

A Marengo, Bonaparte fut-il victorieux ? Quel grand général mourut à Ma-rengo ?

Nommez les trois consuls.

Que représente ce dessin ? Après cette cérémonie, quel titre et quel nom se donne Bonaparte ?

Décrivez, d'après ce dessin, l'entrée glorieuse de Napoléon à Berlin ?

Dans quelle Campagne Napoléon gagna-t-il la bataille de Wagram.

Pourquoi la Retraite de Russie fut-elle un désastre ? Racontez cette retraite.

Pourquoi Napoléon va-t-il en exil à l'île d'Elbe ? — Que représente ce dessin ?

Qu'appelle-t-on les Cent Jours ? Après la défaite de Waterloo, que de-vint Napoléon ?

Où les Anglais envoyèrent ils Napoléon ? Était-il bien traité dans cette île ?

SEPTIÈME  PÉRIODE

DE LOUIS XVIII A NOS JOURS

La Royauté abolie. — La République rétablie.

1re LEÇON *1815-1830*

LA RESTAURATION

LOUIS XVIII
Qui fut remis sur le trône par nos ennemis, les *rois*-ALLIÉS.

133. **Règne de Louis XVIII, 1815-1824.** — En 1815, Napoléon Ier ayant été tout à fait vaincu, ***Louis XVIII*** régna pour la deuxième fois. Ce fut la « *Restauration* », c'est-à-dire le rétablissement de la royauté.

Louis XVIII donna à la France une *Charte* (ou Constitution) qui établissait le Régime parlementaire. Mais ses amis, qui détestaient les hommes de la Révolution et de l'Empire, *terrifièrent* tous ceux qui avaient servi l'Empereur. Cette période s'appela « ***Terreur Blanche*** », à cause du drapeau royal qui était blanc.

134. **La mort de Louis XVIII, 1824.** — Louis XVIII travailla sérieusement à rétablir la paix entre les partis. Efforts inutiles! Il mourut, en 1824, sans avoir pu réconcilier les Français.

CHARLES X
L'ennemi acharné de la Révolution.

135. **Charles X, 1824-1830.** — Charles X, en 1824, succéda à son frère, Louis XVIII. Sous ce règne fut commencée la conquête de l'***Algérie***.

Les Français débarquèrent en Afrique, le 13 juin ***1830***, et trois semaines plus tard, le 5 juillet, le drapeau français flottait sur la ville d'Alger.

136. **Révolution de 1830.** — Charles X commit une grande faute; celle de prendre comme ministre le comte de ***Polignac***, dont le peuple ne voulait pas, parce qu'il était l'ennemi absolu des *Principes de **89***. Ces Principes de 89 accordaient, *à tous les Français*, les mêmes ***droits*** et les faisaient tous *égaux* devant la ***loi***. Le peuple, irrité contre le roi qui maintenait Polignac, fit la ***Révolution de 1830***.

On se battit dans Paris pendant trois jours: le ***27 juillet***, le ***28*** et le ***29***. *Charles X fut obligé de reprendre le chemin de l'exil.*

RÉSUMÉ-QUESTIONNAIRE DE LA 1re LEÇON

1° — ***Qu'est-ce que la Restauration?*** — Dans l'Histoire, on appelle **Restauration** le gouvernement qui a succédé à l'Empire. La royauté fut rétablie (ou restaurée) en la personne de **Louis XVIII** et en celle de **Charles X**. La Restauration a duré quinze ans : de 1815 à 1830.

2° — ***Quelles sont les causes de la Révolution de 1830?*** — *Charles X* détestait les hommes qui avaient servi la Révolution ou l'Empire; il aurait voulu abolir tout ce que la Révolution avait fait pour le peuple. Il prit pour ministre le *comte de Polignac*, ennemi de la Révolution. Le peuple, qui tenait à ses libertés, fit la **Révolution de 1830**, et Charles X dut s'exiler.

LECTURE — La colère peut causer bien des maux.

Il existe, au nord de l'Afrique, un superbe pays dont les côtes sont baignées par la Méditerranée : ce pays c'est l'Algérie. Aujourd'hui, les fertiles provinces d'Alger, de Constantine et d'Oran nous appartiennent. En 1903, le président de la République, escorté de ministres, y a même fait un voyage officiel, où la France a été acclamée.

LE COUP D'ÉVENTAIL DU DEY HUSSEIN
Voilà un mouvement de colère qui coûta cher au Dey d'Alger!
Il lui coûta son royaume.
Et à qui passa ce royaume?
A la France, qui vengea l'insulte faite à son ambassadeur.

Mais au commencement du XIXe siècle, l'Algérie n'était pas à la France; elle était aux Arabes.

Or, en 1827, le *Dey*, ou chef d'Alger, se mit en colère contre notre consul, qui faisait poliment des réclamations au nom de la France. Dans sa fureur, le dey lui donna un coup d'éventail et le chassa.

Le gouvernement de Charles X s'indigna de la grossièreté du dey; il envoya une flotte bien armée, et les troupes françaises, en 1830, s'emparèrent d'Alger, ville éblouissante de blancheur et de soleil.

Le coup d'éventail du chef arabe était vengé.

Oh! que la colère peut causer de maux!

EXERCICE D'ÉLOCUTION

Élocution. — **La Conquête d'Alger**. — 1° Racontez la scène de l'éventail. — 2° Dites quels furent les résultats du mouvement de colère du Dey. — 3° La colère n'est-elle pas toujours mauvaise conseillère? — 4° A la suite de cette lecture, n'avez-vous pas pris une bonne résolution? Laquelle?

RÈGNE DE LOUIS-PHILIPPE

LOUIS-PHILIPPE
Le roi pacifique.

137. **Avènement de Louis-Philippe, 1830.** — Après Charles X, ce fut son cousin, ***Louis-Philippe d'Orléans***, que l'on nomma ***roi***.

Il régna de 1830 à 1848. Louis-Philippe fut d'abord très populaire. Sous ce roi, ami de la paix, on construisit les premières lignes de *chemins de fer* qui furent: la ligne de Paris à Saint-Germain et la ligne de Lyon à Saint-Étienne. Les chemins de fer devaient donner à la France une grande prospérité. Mais l'œuvre à laquelle le gouvernement de Louis-Philippe donna tous ses soins fut la conquête de l'Algérie. Louis-Philippe eut trois grands ministres : ***Casimir Périer, Thiers*** et ***Guizot***.

138. **Révolution de 1848.** — Louis-Philippe ne laissait voter que les riches. Le peuple voulait que tout honnête homme, riche ou pauvre, pût voter : cela était juste. Le gouvernement de Louis-Philippe refusa la *réforme électorale*. Alors la ***Révolution de 1848*** éclata.

Paris se couvrit de barricades; *Louis-Philippe fut détrôné*; il dut s'enfuir à l'étranger, *et l'on* **proclama la République.**

DEUXIÈME RÉPUBLIQUE (1848-1852)

LAMARTINE
Le grand poète.

139. **Le Suffrage universel, 1848.** — La République proclama immédiatement le ***suffrage universel***, qui permet à tous les citoyens, âgés de 21 ans, d'être électeurs.

Lamartine, un des grands poètes du XIXe siècle, empêcha que le *drapeau rouge* devînt l'emblème de la République en disant : « *Le drapeau tricolore, qui a fait le tour du monde, portant avec lui la gloire de la Patrie, doit rester le drapeau de la France.* »

140. **Louis-Napoléon Bonaparte, président de la République.** — Le *10 décembre* ***1848***, Louis-Napoléon Bonaparte, neveu de Napoléon Ier, fut nommé *président de la République*.

Dès ce moment, il travailla à se faire nommer empereur.

RÉSUMÉ-QUESTIONNAIRE DE LA 2e LEÇON

1° — Après la Révolution de 1830, quel roi monta sur le trône? — En 1830, *Louis-Philippe* succéda à son cousin Charles X; il régna jusqu'en 1848, et ce fut un règne de paix.

Sous Louis-Philippe, les premiers chemins de fer se construisirent et la conquête de l'Algérie se continua. Louis-Philippe fut détrôné pour avoir injustement refusé à tous les Français, honnêtes et majeurs, le droit de voter.

2° — Quels furent les résultats de la Révolution de 1848? — Après le départ de Louis-Philippe, on proclama la République qui établit immédiatement le *Suffrage universel*, 1848.

Louis-Napoléon Bonaparte fut nommé président de la République.

LECTURE — Les conséquences du coup d'éventail.

La France, sous Charles X, avait pris Alger : c'était fort beau, mais insuffisant. Il fallait aussi conquérir l'Algérie, peuplée d'Arabes. Cette conquête fut longue, difficile : elle se fit pendant toute la durée du règne de Louis-Philippe. Le ***maréchal Bugeaud*** fut l'homme le plus populaire

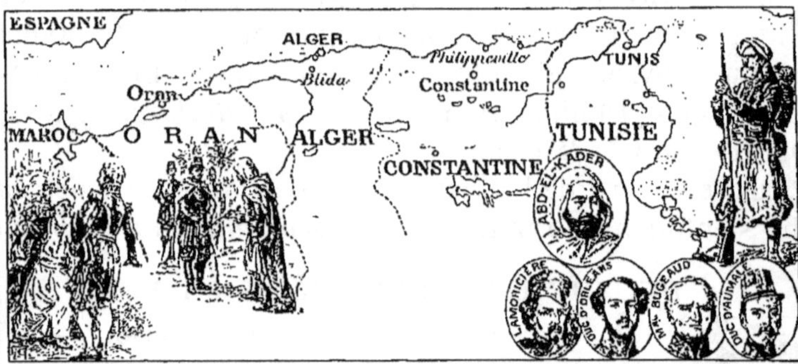

LE COUP D'ÉVENTAIL. — SOUMISSION D'ABD-EL-KADER — LES GÉNÉRAUX QUI ONT CONQUIS L'ALGÉRIE

de la conquête; et notre adversaire le plus redoutable fut ***Abd-el-Kader***, guerrier intrépide, qui exerçait un ascendant irrésistible sur les Arabes.

Un des fils de Louis-Philippe, le duc d'Aumale, surprit la *Smalah* (campement d'Abd-el-Kader), en 1844, et s'empara de la famille, des serviteurs, des troupeaux du grand chef. Enfin, Abd-el-Kader, las, trahi, découragé, se laissa capturer; il remit son épée au général Lamoricière, en 1847, et devint, dès lors, le très fidèle ami de la France.

EXERCICE ÉCRIT ET ORAL

1° Copiez le tracé des côtes de l'Algérie et écrivez les noms des trois provinces de l'Algérie. — 2° A la place convenable, écrivez les noms des trois *villes* : ***Oran, Alger, Constantine.*** — 3° Dites le nom de notre noble adversaire en Algérie et ce qu'il advint de lui.

RÈGNE DE NAPOLÉON III

NAPOLÉON III Empereur des Français.

141. **Napoléon III, 1852-1870.** — Le président Louis-Napoléon *renversa la République*; il fit arrêter les notables républicains, au nombre desquels se trouvait Victor Hugo; il les envoya en exil. Ce fut le ***coup d'État du 2 décembre 1851.*** Après ce crime contre les lois du pays, il se fit nommer empereur, en 1852, et régna sous le nom de Napoléon III.

Jusqu'en 1860 il fut un souverain absolu, c'est-à-dire qu'il se rendit maître de tous les pouvoirs et retira toutes les libertés. Tous ceux qui blâmaient son gouvernement étaient sévèrement punis.

142. **Gouvernement intérieur.** — Cependant, à l'intérieur, Napoléon III donna un fort développement au commerce, à l'industrie, à l'agriculture; il améliora le sort des ouvriers. Sous son règne, M. de Lesseps perça l'*isthme de Suez.*

143. **Les guerres de Napoléon III.** — Napoléon III avait dit : « *l'Empire, c'est la paix!* » Mais, sous son règne, les guerres se sont succédé sans interruption. Premièrement, il fit, d'accord avec les Anglais, la ***guerre de Crimée*** contre les Russes, qui voulaient prendre Constantinople.

Cette guerre a été illustrée par le siège de *Sébastopol.*

144. **Guerres de Napoléon III** (Suite). — La deuxième guerre de Napoléon III, fut la ***guerre d'Italie*** contre les *Autrichiens* que les « *patriotes italiens* », alliés de Napoléon III, voulaient chasser d'Italie. Cette guerre fut marquée par les victoires de *Montebello*, *Magenta* et *Solférino*. En reconnaissance de nos services, l'Italie donna à la France ***Nice*** et la ***Savoie.***

Napoléon III entreprit aussi une ***expédition au Mexique***, grand État d'Amérique. Il voulait y créer un empire dont *Maximilien*, archiduc d'Autriche, aurait été l'empereur; mais les Mexicains fusillèrent Maximilien. Et cette expédition, qui coûta beaucoup d'hommes et d'argent à la France, échoua.

RÉSUMÉ-QUESTIONNAIRE DE LA 3e LEÇON

1° — ***Comment Louis-Napoléon détruisit-il la deuxième république?*** — Louis-Napoléon mit fin à la deuxième république en exécutant le *coup d'État du 2 décembre* 1851 et en se faisant proclamer empereur des Français, en 1852, sous le nom de Napoléon III.

2° — ***Combien, jusqu'en 1870, Napoléon III a-t-il fait de grandes guerres?*** — Napoléon, avant 1870, a fait trois guerres : 1° La guerre de **Crimée**, contre les Russes : nos troupes furent victorieuses à *Sébastopol*; 2° la guerre d'**Italie**, contre les Autrichiens : nos troupes furent victorieuses à *Montebello*, *Magenta* et *Solférino*; 3° la désastreuse guerre du **Mexique**.

LECTURE — « J'y suis, j'y reste! »

Les Français et les Anglais s'étaient alliés pour faire la guerre aux Russes. Ensemble, ils vinrent assiéger Sébastopol. Le siège dura un an et fut des plus pénibles. Mais Français et Russes ne se haïssaient point : au contraire, ils se partageaient les vivres et le tabac, et soignaient mutuellement leurs blessés.

La prise de Sébastopol, pendant cette guerre de Crimée, a donné lieu au glorieux assaut de la Tour Malakoff, tour élevée dans Sébastopol même.

« En avant! A l'assaut, les zouaves!... »

Tambours battent, clairons sonnent la charge; nos intrépides soldats se précipitent sur les Russes.

Zouaves, chasseurs à pied, soldats de ligne, s'élancent contre la Tour Malakoff, dont l'ascension est très difficile. Ils parviennent pourtant sur la plate-forme de la tour : elle est garnie de Russes qui se font tuer sur place.... Oh! l'atroce corps à corps! Enfin le drapeau de la France est arboré sur la tour Malakoff.

C'est la victoire.

A ce moment, Mac-Mahon apprend que la tour est minée et qu'il va sauter. « Tant pis, répond le général : j'y suis, j'y reste! »

PRISE DE MALAKOFF

Nos braves soldats s'y sont illustrés : les zouaves, les chasseurs à pied y ont méprisé superbement la mort : mais la France a humilié la Russie. Et la Russie, lors de nos désastres de 1870, a regardé, sans lui tendre la main, la France vaincue. La Russie se souvenait de Malakoff!...

DEVOIR DE RÉDACTION SUR NAPOLÉON III

RÉPONDEZ, PAR ÉCRIT ET SANS VOTRE LIVRE, AUX QUESTIONS SUIVANTES. — 1° Les noms des principales guerres de Napoléon III avant 1870; 2° contre qui elles furent faites.

MODÈLE DU DEVOIR. — *Napoléon III a fait la guerre de Crimée contre la Russie*, etc.

4e LEÇON *1870!*

NAPOLÉON III (Suite)

LA FRANCE glorifie ses enfants tombés en la défendant.

145. **La guerre de Prusse, 1870-71.** — En 1870, le gouvernement de Napoléon III déclara, à tort, la guerre au roi de Prusse, Guillaume Ier.

L'armée française, qui avait été désorganisée par la guerre du Mexique, n'était pas en état de soutenir une lutte contre la Prusse qui avait la meilleure armée de l'Europe, un grand ministre, ***Bismarck***, et un savant chef d'armée, le général ***de Moltke***. Nous n'avions que 250000 soldats; les Prussiens 600000. On allait donc se battre: **2** Français contre **5** Prussiens.

146. **Nos revers.** — Aussi, dès le début de la guerre, nos troupes, braves certes, mais en nombre inférieur, et n'ayant ni cartouches, ni nourriture suffisante, furent écrasées à Wissembourg et à Reichshoffen. L'***Alsace*** fut perdue pour nous.

147. **Capitulation de Sedan.** — Les Allemands, maîtres de l'*Alsace*, pénétrèrent en *Lorraine*. Le maréchal Bazaine eut la lâcheté de se laisser bloquer dans ***Metz***, bien qu'il eût sous ses ordres un corps d'armée qui ne demandait qu'à se battre.

Napoléon III, malade, avait transmis le commandement à Mac-Mahon qui se mit en route pour porter secours à Bazaine, dont il ignorait la lâche conduite. L'armée de Mac-Mahon fut enveloppée à ***Sedan :*** là s'engagea une bataille terrible. Mac-Mahon, blessé, quitta le commandement, et l'empereur, jugeant inutile de continuer la tuerie de Sedan, *capitula* : il se constitua prisonnier du roi de Prusse avec 80000 hommes.

148. **Chute de l'empire.** — A la nouvelle du désastre de Sedan, la France bouillonna de colère et d'indignation; elle prononça la déchéance de Napoléon III.

La ***République*** fut proclamée, le 4 septembre 1870.

Un nouveau gouvernement fut installé; il prit le nom de *Gouvernement de la Défense nationale*, et la guerre continua.

L'HISTOIRE CONTEMPORAINE

RÉSUMÉ-QUESTIONNAIRE DE LA 4e LEÇON

1° — *Résumez la guerre de Prusse jusqu'à Sedan.* — En 1870, lorsque le gouvernement de l'empereur déclara la guerre à la Prusse, la France n'était pas prête. Notre héroïque armée fut écrasée à *Wissembourg*, à *Reichshoffen*, à *Sedan*.

Napoléon III **capitula** à Sedan; il se constitua le prisonnier du roi de Prusse.

2° — *Que firent les Français quand ils apprirent la capitulation de Sedan?* — Quand les Français apprirent que l'empereur avait capitulé, ils forcèrent les députés à prononcer la déchéance de l'empereur et proclamèrent la République, le 4 septembre 1870.

LECTURE — Une glorieuse page d'histoire, 1870!

Que de larmes sans fin sur eux vont se répandre! (LAMARTINE).

Voici l'un des plus émouvants épisodes de la guerre de 1870.

C'est au début de la guerre. 40 000 hommes de l'armée française se trouvent en présence de 160 000 Allemands! Les Français sont écrasés sous le nombre. Mais s'ils essayent de battre en retraite, les ennemis les poursuivront et ne laisseront pas un soldat debout.

LES CUIRASSIERS DE REICHSHOFFEN

« Qu'ils sont beaux, ces guerriers dans la mort résolus!
Ils volent, franchissant les fossés, les talus,
Et leur ombre autour d'eux bondit, flotte et s'allonge!... »
E. BERGERAT.

C'est alors que, pour entraver les Allemands et donner aux Français le temps de se retirer, les cuirassiers, à *Reichshoffen*, s'élancent sur l'ennemi au cri de « *Vive la France!* » Ils savent qu'ils vont au-devant d'une mort certaine; mais la peur ne saurait retenir leur élan. Ils chargent à travers un terrain coupé de fossés, hérissé de troncs d'arbres, entouré de houblonnières et de haies, d'où les Allemands les criblent de balles. Enfin, ils atteignent les ennemis au village de *Morsbronn*, s'engouffrent dans la rue principale de ce village, où ils sont fusillés à bout portant.

Le sacrifice héroïque de l'admirable brigade ne fut pas perdu. L'armée put se dégager et battre en retraite.

EXERCICE D'ÉLOCUTION

En vous aidant de la gravure et de la lecture, racontez la « **Charge des cuirassiers de Reichshoffen** ».

5e LEÇON *1870-1871*

LA TROISIÈME RÉPUBLIQUE

149. **Siège de Paris.** — Les Allemands, vainqueurs, font le ***siège de Paris***; mais les Parisiens leur opposent une admirable résistance. De terribles combats, qui tiennent les Prussiens à distance de la capitale, se livrent aux villages du ***Bourget***, de ***Champigny***, de ***Buzenval***.

GAMBETTA
L'ardent patriote.

150. **La guerre s'organise en province.** — Un ardent patriote, ***Gambetta***, parcourt les provinces; il appelle aux armes. A sa voix, une *armée de Volontaires* s'organise pour repousser les Allemands. L'armée nouvelle est confiée à des généraux énergiques et patriotes, *Chanzy*, *Faidherbe*, *d'Aurelles de Paladine*, au colonel *Denfert-Rochereau*. Mais, dans le même temps, le ***traître Bazaine livre Metz avec 120 mille bons soldats*** à l'ennemi.

A partir de ce moment, la résistance est désespérée.

151. **Capitulation de Paris, 29 janvier 1871. La paix.** — Après avoir supporté ***133 jours de siège***, Paris, affamé, fut obligé de se rendre : ce qui amena la fin de la guerre.

Un homme d'État éminent, ***Thiers***, fut nommé président de la République et signa la *paix de Francfort*, le 10 mai 1871. Les vainqueurs exigèrent l'***Alsace***, presque toute la ***Lorraine***... et une immense somme d'argent : *cinq milliards, cinq fois **mille millions**!*

152. **La Commune, du 26 mars au 21 mai 1871.** — Les Allemands étaient encore en France quand éclata la guerre civile, dite la ***Commune***. Le gouvernement se retira à Versailles. Mac-Mahon fut chargé de rétablir l'ordre à Paris. Le 21 mai, l'armée entra dans la capitale. Durant sept jours on se battit dans les rues. Enfin, ces déplorables batailles de Français contre Français prirent fin le 21 mai 1871.

L'HISTOIRE CONTEMPORAINE

RÉSUMÉ-QUESTIONNAIRE DE LA 5e LEÇON

1° — *Qu'arriva-t-il après la chute de Napoléon III?* — Après la chute de Napoléon III, la troisième **République** fut proclamée. Un ardent patriote, **Gambetta**, organisa la *Défense nationale*, et la guerre continua. La trahison de *Bazaine* à Metz, la défaite des vaillantes armées de province, la capitulation forcée de **Paris**, obligèrent le gouvernement à demander la paix.

2° — *Par qui, et à quelles conditions fut négociée la paix?* — *Thiers*, alors président de la République, négocia la paix avec Bismarck. En qualité de vaincus, les Français, par le *traité de Francfort*, donnèrent à l'Allemagne : l'**Alsace**, la **Lorraine** et **cinq milliards.**

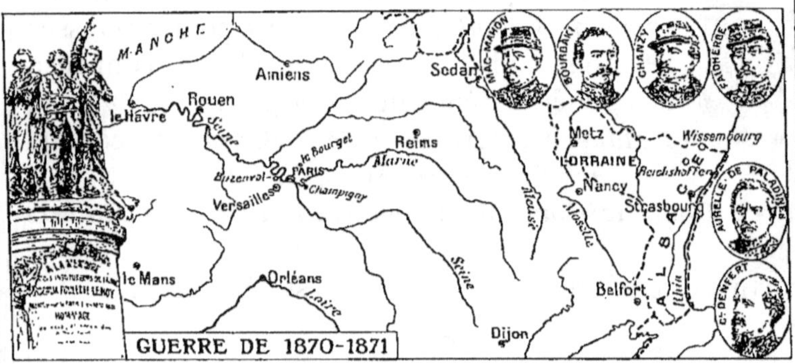

L'histoire de la guerre de 1870-1871 est remplie de traits héroïques. Au nord à l'est, à l'ouest, ce sont les débris de nos pauvres troupes échappés au désastre qui, avec les Engagés volontaires et les Mobiles, se reforment en régiments. Ici, *trois instituteurs* se laissent fièrement fusiller en criant, face à l'ennemi : « Vive la France! » Là, c'est Paris qui meurt de faim, de froid, d'isolement et qui invente la *poste aérienne* (pigeons voyageurs et ballons), pour dire aux parents de province :

« Nous souffrons, mais nous tenons! Nous pensons à vous et nous vous aimons! »

LECTURE — Le siège de Paris, en 1870.

C'était pendant le rude hiver de 1870; le ciel était toujours gris, rarement un petit coin bleu se laissait voir; il gelait à pierre fendre. Et les Parisiens n'ayant ni bois, ni charbon pour se chauffer, *mouraient de froid*....

Les boulangers ne cuisaient plus qu'un mauvais pain de paille et de son; les bouchers ne vendaient plus que de la viande de cheval; la ménagerie du Jardin d'Acclimatation avait été mangée. Et les Parisiens, qui n'avaient plus ni viande ni légumes ni bon pain, *mouraient de faim*....

Les maisons n'offraient plus un abri sûr, car les bombes des canons allemands crevaient les murs et tuaient les gens. Alors on se réfugiait dans les caves humides et noires. Et les vieillards et les femmes pleuraient, tandis que les petits enfants *mouraient de peur*....

EXERCICE D'ÉLOCUTION

Siège de Paris. — Racontez la misère des Parisiens pendant le siège.

6e LEÇON *1871-1887*

LA TROISIÈME RÉPUBLIQUE (Suite)

153. **Thiers, libérateur du Territoire.** — Les Prussiens devaient rester en France tant que la rançon de guerre ne serait pas payée. Mais Thiers, pour hâter le départ des ennemis, réunit les *cinq milliards* qu'ils exigeaient et, avant le terme fixé, cette somme énorme fut expédiée en Allemagne. Thiers reçut alors le beau titre de « *Libérateur du territoire* ».

154. **Mac-Mahon, président de la République, 1873-1879.**—En 1873, Thiers ayant démissionné, l'Assemblée Nationale donna la présidence de la République au *maréchal de Mac-Mahon*.

155. **Constitution républicaine de 1875.** — En 1875, la Constitution républicaine, c'est-à-dire l'ensemble des lois sur lesquelles repose la République, fut signée. Voici les deux principaux articles de la *Constitution de 1875* : 1° Le pouvoir de faire les lois, ou ***pouvoir législatif***, appartient aux députés et aux sénateurs. 2° Le pouvoir de faire exécuter ces lois, ou ***pouvoir exécutif***, appartient au président de la République.

Le grand ministre de la République.

156. **Présidence de Jules Grévy.** — Mac-Mahon fut remplacé par *Jules Grévy*, qui fut président de 1879 à 1887. Sous la présidence de Grévy, la République eut pour ministre un éminent homme d'État : *Jules Ferry*.

Jules Ferry voulut donner à la France un *empire colonial*, et il organisa la conquête du ***Tonkin***, pays magnifique, situé en Asie. Il prépara la conquête de ***Madagascar***, en plaçant cette île sous la protection de la France; il plaça aussi la ***Tunisie***, voisine de l'Algérie, sous la protection française. Enfin, il réforma l'*enseignement primaire* et le rendit laïque et gratuit pour qu'il soit obligatoire.

Dans ce temps, la France perdit deux de ses plus nobles fils : ***Gambetta***, le grand orateur patriote; ***Victor Hugo***, le magnifique poète du XIXe siècle.

RÉSUMÉ-QUESTIONNAIRE DE LA 6e LEÇON

1° — ***Quel est le grand fait qui marque l'année 1875?*** — En *1875*, Mac-Mahon étant président de la République, l'Assemblée Nationale donna une **Constitution républicaine** à la France, c'est-à-dire l'ensemble des lois sur lesquelles repose la République.

2° — ***Quel fut le grand ministre de la République, pendant la présidence de Jules Grévy?*** — Le grand ministre de la République, pendant la présidence de Jules Grévy, fut **Jules Ferry**. C'est lui qui voulut la conquête du **Tonkin** et qui plaça sous le protectorat de la France **Madagascar** et la **Tunisie**. Jules Ferry réorganisa l'enseignement primaire; il le rendit *laïque* et *gratuit*, par conséquent *obligatoire*.

LE SUFFRAGE UNIVERSEL FUT ÉTABLI EN 1848

THIERS ET GAMBETTA ONT FONDÉ LA 3e RÉPUBLIQUE

LECTURE — Le suffrage universel.

N'avez-vous jamais entendu votre père parler du suffrage universel? Ne l'avez-vous pas vu, certains dimanches, s'en aller seul, grave; et, dans l' « Au Revoir » qu'il disait à la maman, n'avez-vous pas saisi ces mots : « Je vais voter ». Vous êtes-vous demandé ce que cet acte avait de solennel?

Le suffrage universel veut dire : « *vote de tous les citoyens* ». La France est un pays de suffrage universel. Il n'en a pas été toujours ainsi : sous Louis XVIII, Charles X, Louis-Philippe, il fallait être riche pour avoir le droit de voter. Ce n'est que depuis ***1848*** que, riches ou pauvres, tous les Français votent, pourvu qu'ils soient d'honnêtes gens et qu'ils aient 21 ans.

« Il y a un jour dans l'année où l'ouvrier, même le plus pauvre, celui qui traîne des fardeaux, qui casse des pierres sur la route, juge les députés de la France. Il y a un jour dans l'année où le plus humble des citoyens sent en lui l'âme de la patrie : ce jour, c'est le jour des élections.

« Le *suffrage universel*, en donnant un bulletin de vote à celui qui peine pour gagner sa vie, lui donne, en même temps que la puissance, le calme, la patience forte qui fait les grands peuples. »

EXERCICE DE RÉDACTION

REMPLACEZ LES POINTS PAR LES NOMS NÉCESSAIRES. — Le grand ministre de la République sous Grévy fut .... Il réforma l'enseignement primaire et le rendit .... Il fit la conquête du .... Il plaça sous le protectorat de la France l'île de ... et la ....

LA RÉPUBLIQUE

Présidents de la République.

157. **Présidence de Carnot.** — Le successeur de Grévy fut *Carnot*, petit-fils de Lazare Carnot, le célèbre « Organisateur de la Victoire ».

Pendant la présidence de Carnot, qui dura de 1887 à 1894, un grand pays situé sur la côte ouest de l'Afrique, le ***Dahomey***, fut conquis par des troupes françaises, conduites par le *général Dodds*. Le roi du Dahomey, *Béhanzin*, fut fait prisonnier.

Carnot périt à Lyon, poignardé par un Italien à moitié fou.

158. **Présidence de Casimir-Perier.** — Casimir-Perier succéda à Carnot; mais il démissionna six mois après son élection.

Présidents de la République.

159. **Présidence de Félix Faure.** — L'année même où le président Félix Faure fut élu, en 1895, le *général Duchesne*, continuant l'œuvre de *Jules Ferry*, fit la conquête définitive de l'île de ***Madagascar***. Deux ans plus tard, un grand événement se produisit : ce grand événement fut la signature de l'***alliance franco-russe***; 1897, qui annonçait au monde entier que le tsar Nicolas II était notre « ami et allié ».

160. **Présidence d'Émile Loubet.** — Sous la présidence d'Émile Loubet, élu en 1899, l'œuvre coloniale se continue.

Le ***Congo*** et le ***Soudan***, terres d'Afrique, ont été conquis.

L'enseignement laïque s'est imposé.

L'alliance franco-russe s'est encore resserrée : le Tsar est revenu en France, le Président est retourné en Russie, et, des deux côtés, les réceptions ont été enthousiastes.

La République a doté le pays d'une armée nombreuse et disciplinée. A présent, la France a repris son rang de grande nation, prudente et forte. Elle a un gouvernement régulier; elle dispose d'une armée redoutable, et ses écoles lui donnent des *citoyens éclairés et fiers*.

RÉSUMÉ-QUESTIONNAIRE DE LA 7e LEÇON

1° — *Quelle est la conquête coloniale qui se fit sous le président Carnot?* — Pendant la présidence de Carnot, le général Dodds fit la conquête du Dahomey.

2° — *Quelles sont les deux principales lois qu'a faites la République? — Qui signa l'alliance franco-russe?* — Les deux grandes lois que fit la République sont : 1° la loi militaire de 1872, qui fait de chaque Français un soldat; 2° la loi de 1882, sur l'enseignement primaire, qui rend l'enseignement du jeune citoyen laïque, gratuit et obligatoire. — L'*alliance franco-russe* fut signée par Félix Faure et par le tsar Nicolas II.

LECTURE — ***A toi, mon enfant; à toi, cher petit Français!...***

Mon petit enfant, te voici, venu à la dernière page de ton histoire : donc tu as suivi, période par période, les destinées de la France à travers les âges.

Ton cœur a palpité en lisant la grandeur et la détresse de ces deux martyrs du patriotisme, *Vercingétorix* et *Jeanne d'Arc*.

Tu as vu ton pays tour à tour gouverné par de bons rois, Louis IX, Henri IV; et par les pires, Henri III, Louis XV.

LE TSAR

Notre « *Ami et Allié* » passe la revue des troupes françaises à Bétheny, en 1901.

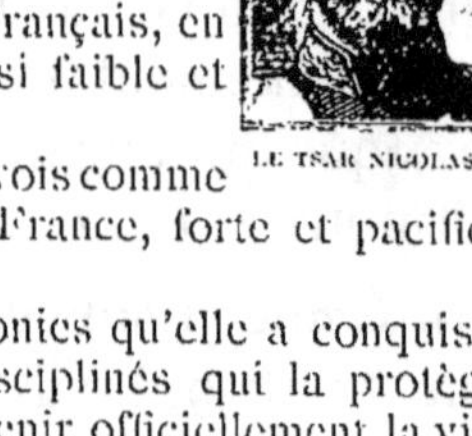

LE TSAR NICOLAS II

Avec les *Volontaires* de ***93***, tu as crânement levé la tête et brandi ton poing débile contre l'Europe coalisée....

Avec *Napoléon*, entrant en maître dans les capitales, l'orgueil t'a enivré....

Et puis, tu as pleuré, petit Français, en la voyant si faible, ta Patrie, si faible et humiliée, après ***1870***.

Sèche tes larmes, mon petit; vois comme elle est belle aujourd'hui, la France, forte et pacifique, se gouvernant elle-même!

Compte les magnifiques colonies qu'elle a conquises! Regarde défiler ses régiments superbes et disciplinés qui la protègent! Vois les plus grands souverains d'Europe, venir officiellement la visiter! Notre France républicaine les reçoit avec une dignité fière et pourtant charmante....

Regarde tout cela, petit Français et relève la tête. Dis-toi que tu es le fils d'une grande, d'une vaillante nation, et que noblesse oblige!

Fais pour l'immortelle Patrie ce que tu fais pour ton père et ta mère : travaille! Travaille, mon fils, à te rendre digne de tes aïeux, qui ont donné à « *tant douce France* », à la France adorée, leur âme, leur vie!

LA LOI

LE ROI LOUIS XVIII
Quels sont ces deux personnages?
Dites les résultats d'un coup d'éventail?
La colère est-elle bonne conseillère ?
LE ROI CHARLES X
ABD-EL-KADER
CHANGARNIER
DAMRÉMONT
Mal VALÉE
LAMORICIÈRE
DUC D'ORLÉANS
Mal BUGEAUD
DUC D'AUMALE
Après la capture de sa Smalah que devint Abd-el-Kader?
Nommez les généraux qui se sont illustrés en conquérant l'Algérie?
Que représente ce dessin ?
Après la Révolution de 1830 qui fut nommé roi?
Pourquoi Louis-Philippe fut-il détrôné ?
La République de 1848 étant proclamée, qui en fut le Président?
Qu'appelle-t-on Coup d'État du 2 Décembre?
Que dit le grand poète Lamartine? Pourquoi dit-il cela ? Que répond la foule ?
MAC-MAHON
Que représente ce dessin ? Que dit Mac-Mahon ?
NAPOLÉON III
Dites 1° Ce que fut la capitulation de Sedan; 2° Quelles en furent les conséquences ?

RÉCAPITULATION PAR L'IMAGE

TABLE DES MATIÈRES

50731. — Imprimerie LAHURE, rue de Fleurus, 9, Paris.

DIX GRANDES DATES

Les *Romains*, malgré Vercingétorix, avaient conquis la Gaule. *Clovis*, roi ou chef des *Francs*, leur livre bataille à **Soissons**, **486**, et les bat. Il anéantit ainsi la domination que *Rome* exerçait, depuis 450 ans, dans la Gaule.

Charlemagne ayant conquis d'immenses territoires, le pape le proclama empereur d'Occident, l'année 800.

Mais ses fils ne surent pas conserver l'unité monarchique de si vastes États et, au **traité de Verdun**, **843**, on tailla trois royaumes dans l'empire : le **royaume de France**, le *royaume d'Italie* et le *royaume d'Allemagne*.

En **1096**, la **1re croisade**, la plus belle expédition de la chevalerie, fut organisée : *Godefroy de Bouillon* en fut le chef et le héros. Les *Croisés* prirent **Jérusalem**, fondèrent le royaume de Jérusalem, qui ne dura que 88 ans.

Jusqu'au XIVe siècle, seuls le clergé et la noblesse avaient eu le droit de donner leur avis au roi. Mais *Philippe IV*, à propos de ses démêlés avec le pape, ayant voulu prendre l'avis de la nation tout entière, convoqua, *pour la première fois*, **en 1302** les **États Généraux**, c'est-à-dire, avec le clergé et la noblesse, le **Tiers État** (ou peuple).

La *guerre de Cent Ans* avait livré la France aux Anglais (traité de Troyes). Mais **Jeanne d'Arc** parut et la victoire changea de camp. Victorieuse au siège **d'Orléans**, Jeanne conduisit **Charles VII** à **Reims** pour le faire sacrer (**1429**). Dès lors, plus rien ne réussit au roi d'Angleterre, et la France fut perdue pour lui.

Le roi *Charles VIII*, qui rêvait de posséder Naples, commença les **guerres d'Italie**, en **1495**; *Louis XII* les continua et *François Ier* les termina par sa brillante victoire de **Marignan**, en **1515**.

La royauté, depuis François Ier, n'avait cessé de grandir; **le pouvoir des rois était absolu**; la volonté du roi faisait loi. *Louis XIV*, qui monta sur le trône en **1643**, fut le plus absolu des monarques et put dire : *L'État, c'est moi*.

Le despotisme des rois avait été la cause de tant d'injustices, de guerres et de misère, que le peuple se révolta. Il proclama la souveraineté de la nation, détruisit l'*Ancien Régime*, prit la **Bastille** le **14 juillet 1789**; et fit la grande **Révolution**.

En **1804**, le général Bonaparte, Premier Consul, se fit proclamer **empereur** des Français et régna, sous le nom de *Napoléon Ier*, jusqu'en 1815.

Le **4 septembre 1870**, la **République** fut proclamée à la suite du désastre de Sedan.

A présent, la France ne reconnait plus pour souverain que la **Loi**.

50731. Imprimerie Lahure, 9, rue de Fleurus, à Paris.

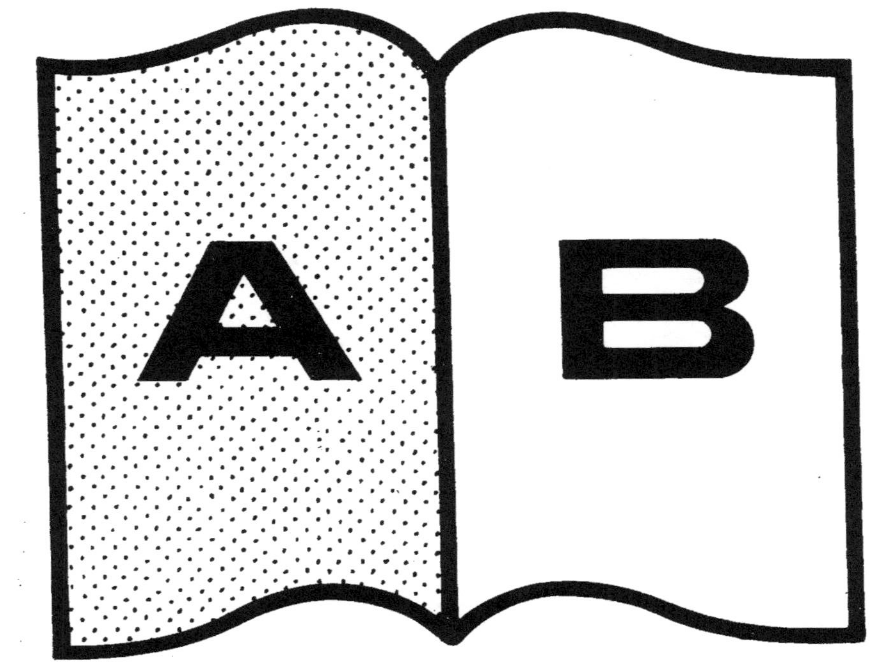
A
B

www.ingramcontent.com/pod-product-compliance
Lightning Source LLC
LaVergne TN
LVHW021719230826
846091LV00003BA/1141